인생은
대나무처럼
자란다

인생은 대나무처럼 자란다

변봉덕 지음

코맥스 변봉덕 회장의 비즈니스 인사이트

다니비앤비

성장이란
시련과 도약의 반복

세월이 쏜살같이 흘렀다. 기업 경영이라는 한길을 걸어온 지도 벌써 50년이 넘었다. 한 기업을 경영하면서 반세기라는 세월을 보냈다는 것은 보통 이상의 경험치를 갖고 있다는 뜻이리라. 기업 경영의 길은 때론 막장이고 때론 정글이고 때로는 드라마였다. 그 이야기를 한번 풀어보고 싶었다.

굳이 남들 앞에 자랑하고 칭찬받을 만한 게 뭐가 있겠는가. 나는 나의 길을 걸어왔을 뿐이고 그 길을 걸으며 보람도 느끼고 행복도 느끼고 나름 성취도 맛보았으니 내 상은 이미 다 받은 셈이다. 다만 녹록지 않은 여정에서 쌓인 경험들이 나 혼자만의 기억에 머물지 않고, 오늘도 자신의 길 위에서 고군분투하고 있을 수많은 인생 후배들에게 조금이나마 도움이 되었으면 하는 마음에서 적지 않은 이야기를 내놓게 되었다.

지금은 빅데이터의 시대가 아닌가. 지금 이 순간에도 수많은 데이터들이 생겨나고 보관되고 처리되면서 빅데이터를 쌓아가고 있을 것이다. 그리고 그 빅데이터는 새로운 가치를 만들어내는 데 훌륭한 자양분으로 쓰인다. 우리들 각자의 경험도 마찬가지다. 묻어두면 개인의 경험으로 끝나지만 나누면 다른 사람의 삶에 값진 자양분으로 쓰일 수 있으니, 나의 이야기도 그러기를 바란다.

내 인생은 코맥스를 빼고는 이야기할 수 없다. 내가 곧 코맥스고 코맥스가 곧 나다. 그만큼 모든 열정과 땀과 에너지를 코맥스에 바쳤다. 처음엔 혼자였지만 점점 함께하는 이들이 늘어났다. 코맥스를 통해 무언가 이룬 일이 있다면 그것은 혼자 달성한 것이 아니라 모두와 함께 성취한 것이다.

1968년 서울 종로구 장사동의 허름한 한옥 방 한 칸을 빌려 중앙전업사 간판을 내걸었을 때는 지금의 코맥스를 상상하지 못했다. 손바닥만 한 회사가 전 세계에 첨단 제품을 공급하는 명문장수기업으로 성장하게 될 줄을 어찌 알았겠는가. 큰 꿈이 없었다는 게 아니라 미래는 누구도 상상할 수 없다는 말이다.

어떻게 여기까지 올 수 있었을까?

빚더미에 올라서 죽을 고비를 넘긴 적도 있고 새로 개발한 도어폰이 시장에서 외면당해 절망에 빠진 적도 있었다. 믿었던 직원에게 배신을 당한 적도 있고, 키코 사태로 파산의 위기도 겪었다. 그때마다 마지막일지도 모른다는 위기감을 느낀 것도 사실이다.

그러나 지나고 보니, 인생은 대나무처럼 자라는 것이었다. 우후 죽순처럼 쑥쑥 자라다가도 곧 성장을 멈추는 시기가 온다. 다음 성장을 위해 힘을 모으면서 잠시 멈추는데, 그때 생기는 것이 마디다. 마디 없는 대나무를 상상이나 할 수 있는가. 마디가 있기에 대나무가 곧게 자란다. 인생도 기업도 마찬가지다. 멈춰 있는가 하면 자라고 자라는가 하면 다시 멈춘다. 시련과 성장을 반복하면서 마디도 생기고 줄기도 생겨서 단단한 대나무가 된다. 그러니,

시련이 오더라도 계속 가야 한다.
시련이 닥치면 그래서 더 계속 가야 한다.

지금은 멈춰 있는 것 같지만 오히려 더 큰 성장을 준비하는 과정일 수 있다. 언젠가 다시 우후죽순처럼 쑥쑥 자랄 것을 믿어야 한다. 코맥스 역시 그동안 겪은 숱한 고비들이 마디가 되었고, 다음 도약과 성장의 발판이 되었다. 기업의 성장이란 시련과 도약의 반복이나 다름없다. 그 이야기들을 적었다.

몇 가지 감사의 말을 전하고자 한다. 하늘을 찌를 듯 명성을 자랑하다가도 한순간에 추락하는 일이 비일비재한 요즘인데 내가 기업을 경영하며 반세기를 대과(大過) 없이 지내온 것은 참으로 다행스럽고 감사한 일이다.

처음이나 지금이나 사람이 귀하다. 지금까지 든든한 동반자로 함께 해주었던 국내 대리점, 해외 파트너사, 개발과 제조 협력사 등은

나에게 있어 누구보다 귀한 사람들이다. 이들 덕분에 지금의 코맥스가 있다고 생각한다. 지난 세월 동안 나와 같은 곳을 바라보며 함께해준 이들, 지금 나와 함께하고 있는 이들 그리고 앞으로 코맥스와 함께해줄 모든 이들에게 감사의 마음을 전한다.

젊어서 조강(糟糠, 술지게미와 겨)을 함께 겪었고 나이 들어 보람을 나누는, 그리고 자식들과 코맥스를 키우는 데 숨은 공신이 되어준 처 이매연에게 감사하다. 가장의 역할도 제대로 하지 못할 만큼 회사가 어려웠던 시절에도 묵묵히 웃어주고 기다려준 처야말로 가정의 경영인이요, 사랑의 리더십을 지닌 대인배라 믿는다.

끝으로 지금도 그리운 어머니께 감사하다. 어머니 살아 계실 적엔 기업을 일구느라 살뜰히 효도하지 못했다. 남편을 잃고 남쪽에 피난 와서 한평생 여인 혼자 몸으로 자식을 키우느라 약해질 수조차 없었던 어머니. 기업을 경영하면서 어머니의 그 마음을 뒤늦게야 알았다. 어머니가 강건하게 버텨주셨기에 내가 설 수 있었다. 코맥스가 더 탄탄히 설 수 있도록 나 또한 마지막까지 강건하고자 한다.

2020년 여름
집무실에서 **변봉덕**

차례

1부

———

진심 경영

진심을 다해야
길이 열린다

우리에게 목표는
누군가를 넘어뜨리는 것이 아니라
누군가의 마음을
얻는 것이어야 한다.
마음을 얻기 위해서는
진심을 다하는 것보다
더 좋은 방법은 없다.

흔히 인생을 등산에 비유한다.

한 걸음 한 걸음 땀 흘리며 오르다 보면 정상에 다다르니

적절한 비유다. 경영도 마찬가지다.

한 걸음 한 걸음 땀 흘리며 걷다 보면 닿게 된다.

그런데 그 닿아야 하는 곳은 꼭 정상만은 아니다.

한 걸음 한 걸음 진정 닿아야 하는 곳은 사람의 '마음'이다.

마음을 다할 때 사람도 얻고 재물도 따른다.

그러니 경영은 인생과 비슷하다.

진심의
다른 이름은 '열심'

|

'열심'이란 말이 진부하게 들릴지 모른다. 하지만 오래도록 익고 익은 말에는 그만큼 더 깊은 의미가 담겨 있게 마련이다. '열심(熱心)'이 무엇인가? 한자 그대로 풀이하자면 뜨거운 마음이다. 뜨거운 마음이 무엇인가? 그것은 간절한 마음이다. 간절한 마음이 있으면 안 될 일도 되게 만들고 때론 막힌 길도 뚫어낼 의지가 생긴다. 그것은 논리적이고 이성적인 생각이 아니라 비논리적인 마음이자 의지라 할 수 있다. 그런데 그 비논리적인 마음이나 의지가 참 많은 성과를 만들어내는 것을 살아오면서 직간접적으로 여러 번 경험했다.

사업을 처음 시작했을 때부터가 그랬다. 내가 중앙전업사를 창업했을 때가 1968년 4월 1일, 스물아홉 살 무렵이었다. 그때 나는 이미 사업에 여러 번 실패한 상태였다. 나이는 자꾸 먹어가는데 손대는 사업마다 실패를 거듭하자 상당히 초조해져 있었다. 가족, 친지, 친구 등 주변 사람들에게 크고 작은 돈을 빌려 새파랗게 젊은 나이에 이미 빚더미에 앉아 있던 터라 그 많은 빚을 다 갚기 위해서라도 사업을 포기할 수 없었다.

중앙전업사는 그런 진퇴양난의 상황 속에서 시작되었다. 청계천 4가 옛 아시아극장 건너편의 골목 귀퉁이에 있던 허름한 한옥의 방한 칸을 빌려 사무실로 썼다. 회사라고 할 것도 없을 만큼 작은 규모였지만 '중앙전업사'라고 간판도 내걸었다.

자본금이라고는 어렵게 설치한 전화 한 대를 포함해 200만 원이 전부였다. 그것이 전 재산이었다. 그러나 돈보다 더 큰 자본은 "무엇이든 돌파하고 말겠다!"는 각오였다.

"이번에는 절대로 실패할 수 없다!"

이런 각오와 의지가 내 안에 가득했다. 그만큼 나는 절박했다. 여러 번의 실패가 준 상심과 초조함이 나로 하여금 배수진을 치게 만들었고, 그 어느 때보다도 이번에는 반드시 일어서야 한다는 의지가 강하게 타올라 그야말로 뜨거운 마음이 되었다. 더 이상 물러설 곳이 없다는 절박함이 앞으로 나가려는 의지를 불태우게 만든 셈이다.

처음에 손댄 것은 '전화교환기'였다. 전화기 한 대를 놓기가 몹시 힘들던 시절이었다. 웬만한 가정집에서 전화기를 놓는다는 것은 불가능한 일이었고, 주로 여관이나 호텔, 빌딩, 사무실에서 전화국으로부터 국선을 끌어와서 교환기를 통해 전화를 사용하던 때였다.

대학에서 수학을 전공한 나는 전화교환기에 대해서는 문외한이었지만 어디서 그런 용기가 났는지 "앞으로는 통신 분야다"라는 확신을 갖고 앞뒤 가리지 않고 뛰어들었다. 내가 알고 있는 것은 단 하나, 전화교환기를 새로 짓고 있는 건물에 팔아야 한다는 것이었다. 그래서 건축설계를 하는 친구를 찾아가 물었다.

"새로 짓는 건물들은 어떻게 알 수 있나?"

"우린 설계만 하는 거고, 건축사 관련 협회에서 모든 설계를 심의해서 정부에 건설 허가를 받아야 공사에 들어갈 수 있다네."

"그럼. 거기 가면 서울 지역에 집 짓는 정보를 다 알 수 있겠네?"

"그렇지."

나는 바로 협회 사무실로 달려갔다. 아무도 나의 문의에 귀기울이는 사람은 없었다. 하지만 그곳에는 건축대장이라는 것이 있어서 어느 지역에 어떤 건물이 언제 공사를 진행하는지 상세한 정보가 적혀 있었다. 담당자에게 계속해서 부탁하고 공을 들인 결과 마침내 건축대장을 복사해 올 수 있었다. 사무실에서 그 건축대장 복사본을 딱 펼쳐놓으니 서울 지역 공사 현황이 한눈에 들어왔다. 그것은 마치 작전지도와도 같았다. 내가 어디로 달려가야 할지 훤히 알 수 있었다. 다음 날부터 나는 그 작전지도를 옆에 끼고 공사 현장을 돌았다. 여름 뙤약볕에 구슬땀을 흘렸지만 발걸음만은 힘찼다.

한 공사 현장을 갔을 때의 일이다. 공사 자재가 잔뜩 쌓여 있고 공사가 한창이었지만 집주인은 만날 수 없었다. 매일같이 찾아가 자재 지키는 직원에게 담배도 사주면서 말문을 텄다. 그리고 슬슬 집주인에 대해 물었다. 집주인이 언제 오는지, 성격은 어떤지, 어떤 사업을 하는 사람인지…… 구체적인 정보를 일일이 메모하며 기억해뒀다. 나는 자재 지키는 직원으로부터 집주인이 새벽에만 잠깐 들른다는 정보를 얻어내어 그 시간에 맞춰 공사 현장으로 갔다. 과연 집주인이 일찍부터 나와서 인부들에게 이런저런 지시를 하고 있었다. 나는 서둘러 돌아가려는 집주인을 놓칠세라 재빨리 다가갔다.

"저는 중앙전업사의 변봉덕이라고 합니다. 전화교환기가 필요하지 않으십니까?"
"전화교환기? 그게 뭔데?"

나이 지긋한 그 어른은 아들뻘 되는 나에게 되물었다. 전화교환기에 대해서 아는 사람이 별로 없던 시절이었기에 나는 전화교환기가 뭔지, 어떻게 설치해야 하는지 자세히 설명했지만 어르신은 잘 들으려 하지 않았다. 귀찮은 기색이 역력한 채 손사래를 치며 돌아서는 그의 등에 대고 간절함을 담아 이렇게 말했다.

"어르신! 세를 잘 놓을 수 있는 방법이 있습니다. 건물을 지을 때부터 전화교환기를 설치하면 됩니다. 그래야 입주자들을 유치하기 쉽고, 건물 가치도 올라갑니다. 또 전화기 임대사업을 함께 하면 수익성도 높습니다. 전화교환원 인건비는 충분히 빠지고도 남지요."

그제야 그가 나를 돌아보더니 내 말에 귀를 기울였다. 나의 첫 고객이 탄생하는 순간이었다. 첫 고객은 먼저 중앙의 전화교환기를 턱 하니 설치하더니 다음에는 지인들에게 전화교환기를, 아니 변봉덕을 소개해주었다.

전화교환기 사업은 그렇게 벼랑 끝에서 시작되었다. 벼랑 끝이었기에 더 절박할 수 있었고 그 절박함이 반드시 해내겠다는 투지가 되어 타오를 수 있었다. 당시 나는 건설이나 전화교환기에 대해 아는 것은 적었지만 무에서 유를 창조하듯 '판매'를 이뤄낼 수 있었다.

저는
제 자신을 팝니다

|

　전화교환기를 팔던 시절의 영업은 도어 투 도어(door to door) 방식이었다. 나는 매일같이 현장으로 나가 공장이나 건물을 짓고 있는 곳이 있으면 무조건 문을 두드리고 들어가 명함을 내밀곤 했다. 하루는 영등포 지역을 다니다가 새로 짓고 있는 공사 현장을 발견했다. 알아보니 칠성사이다가 확장 이전을 위해 공장을 짓고 있는 곳이었다. 칠성사이다 판매가 늘어나고 있는 데다 미국에서 펩시콜라까지 들여와 생산하려던 무렵이었다. 비록 나는 사업을 시작한 지 얼마 안 되는 신출내기였지만 그 정보를 입수하는 순간, 칠성사이다 펩시콜라 공장의 전화교환기 설치 계약은 반드시 따내야 하는 기회임을 직감할 수 있었다.

　작정을 하고 찾아가 책임자를 알아보니 박 전무라는 사람이었다. 그래서 인사를 드리고 명함을 건넸고, 그 후로 일주일에 한두 번씩 꼭 그 현장에 들렀다. 본격적인 영업은 하지 않고 그저 눈도장 찍듯 인사만 하고 돌아오곤 했다. 처음엔 시큰둥한 반응이었으나 조금씩 안면을 익히자 그쪽에서도 아는 체를 해줘서 때론 이야기를 나누는 일도 생겼다. 박 전무는 공장 안에만 있었기 때문에 세상 돌아가는 이야기가 궁금한 듯했다. 그래서 전화교환기는 언급하지 않고 그저 세상 돌아가는 이야기를 부담 없이 몇 마디 주고받곤 했다.

그러던 어느 날이었다. 여느 때처럼 공장에 들러 사람들에게 인사를 하는데, 박 전무가 나를 부르더니 웬일로 먼저 전화교환기 이야기를 꺼내는 것이었다.

"자네, 앞으로도 족히 1년은 더 나를 따라다닐 것 같은데 말이야. 그 전화교환긴가 뭔가 하는 것 계약 한 건 따내면 평생 먹고 살 수 있는 모양이지?"

"그렇진 않습니다. 전화교환기 하나 설치했다고 어떻게 평생 먹고 살겠습니까. 다만 저는 이 계약을 꼭 따내야겠습니다."

"왜 그런가?"

"칠성사이다 펩시콜라 공장 아닙니까. 콜라 하면 펩시콜라와 코카콜라가 세계 양대 산맥인데, 제가 펩시콜라 공장에 전화교환기 계약을 따낸다면 아주 큰 영광이요, 앞으로 제 사업이 번창하는 데 결정적인 이력이 될 것이라 생각합니다. 이 계약은 한 건이지만 앞으로 10건의 큰 계약을 할 수 있게 해줄 아주 중요하고도 의미 있는 계약입니다."

"근데 말이야. 여러 경쟁업체들 중에 자네 회사가 제일 작아. 아주 구멍가게 수준이던데. 그런데도 견적은 제일 높고, 내가 뭘 믿고 자네와 계약을 할 수 있겠나?"

그는 이미 아랫사람을 시켜서 우리 회사에 대해 어느 정도 알아본 모양이었다. 나 말고도 그 공장 계약을 위해 견적서를 제출한, 더 큰 회사가 여럿 있었을 테니 말이다. 사실 규모나 실적으로만 본다면 그 회사들과 우리 회사는 게임이 되지 않았다. 박 전무라는 사람도 그것을 잘 알고 있었다. 어떻게 하면 나의 열세를 뒤집을 수 있을까? 나는 그저 진심을 다하는 수밖에 없었다. 믿어주거나 말거나 진심을 다하는 것. 언제나 그것이 최고의 전략이었다. 그래서 나는 되물었다.

　　"전무님은 상대방의 뭘 보고 사업을 하십니까? 계약도 결국 사람과 사람 사이의 일이 아닙니까?"

　　"그렇지."

　　"그러니 저를 믿으셔야 합니다."

　　"자넬 믿어야 한다고?"

　　"그럼요. 저는 전화교환기를 파는 게 아니라 제 자신을 팝니다."

　　그제야 그는 크게 웃음을 터뜨리면서 계약서를 꺼내라고 말했다. 그러고는 내가 견적서에 제시한 금액을 한 푼도 깎지 않고 사인해주었다. 우리나라를 대표하는 굴지의 식음료 공장에 전화교환기 설치 계약을 따낸 순간이었다. 이후로 펩시콜라 공장에 설치했던 전화교환기라고 하면 어떤 곳에서건 100% 인정해주었다. 이제는 실적에 밀려서 서러움을 당하는 일은 생기지 않았다.

　　열 번 찍어 안 넘어가는 나무가 없다고 한다. 그러니 나무를 넘어뜨리는 것이 목표라면 계속 도끼로 내리치면 될 일이다. 그래도 넘어가지 않는 나무라면 어떻게 해야 할까? 우리에게 목표는 누군가를 넘어뜨리는 것이 아니라 누군가의 마음을 얻는 것이어야 한다. 상대방의 마음을 얻기 위해서는 정성을 다해 진심으로 다가서는 것보다 더 좋은 방법은 없다.

떳떳해야
열정과 최선을 다할 수 있다

|

　하나의 문이 닫히면 또 다른 문이 열린다. 전화교환기는 나에게 열린 첫 번째 문이었다. 앞서 말했듯이 나는 중앙전업사를 시작하기 전에 이미 두 번의 사업 실패를 경험한 바 있다. 첫 번째 사업은 솔잎을 이용해 생약을 제조하는 일이었다. 이 일을 위해 나는 친구와 함께 경주 지역에 내려가 깊은 산에 칩거하면서 솔잎을 따서 찌고 말려 방앗간에 가서 빻는 공정을 반복하며 생약 제조에 도전했지만 아쉽게도 실패하고 말았다. 시간과 공이 많이 들어가는 공정에 비해 수익률은 지나치게 낮아서 사업 자체가 존립하기 힘들었던 탓이다. 첫 사업에서 완전히 실패한 후 연이어 두 번째 사업까지 실패로 끝난 다음에 전화교환기 사업에 뛰어들었다. 칠성사이다 펩시콜라 공장 전화교환기 설치에 성공한 후로는 나름대로 순항을 했으니 전화교환기는 나에게 열린 첫 번째 문이었다.

　그런데 얼마 지나지 않아 한계에 부딪쳤다. 공을 들여 영업한 모호텔과 드디어 계약을 하기로 약속을 받아내고는 찾아갔을 때 생긴 일이다. 바로 전날 밤까지만 해도 계약을 약속하던 사람들이 하룻밤

사이에 못하겠다며 태도가 돌변해 있는 것이 아닌가. 왜 그러냐고 이유를 물었지만 대답을 회피했다. 끈질기게 추궁해서 알아낸 이유인즉 청와대에서 다른 업체와 계약을 하라고 압력이 들어왔다는 것이었다.

"청와대요?"

사실 전화교환기 분야에는 우리 중앙전업사같이 작은 기업이 설 자리가 없었다. 대형공사 한 건을 따기 위해서는 오랜 기간 영업에 투자해야 하고, 건축주는 물론이고 건설현장 소장 등 수많은 관련자들과 수시로 만나 관계를 맺어야 했다. 그런 어려움뿐만 아니라 정치권이나 권력기관에 줄이 닿는 업체들에게 하루아침에 계약을 빼앗기는 일도 비일비재했다. 아무리 오랫동안 영업을 해온 거래처라 해도 권력기관에서 입김을 불어넣으면 꼼짝없이 태도를 바꾸곤 하는 일이 흔했다. 알고 있던 업계 현실이었지만 정작 그런 일을 직접 당하게 되니 분노가 일었다.

고심을 하다가 계약을 틀었다는 그 청와대의 통신 담당자에게 전화를 걸었다. 자초지종을 이야기하고 당장 그를 만나러 갔는데 나 같은 사람은 처음인지 그의 첫마디에 황당함이 서려 있었다.

"당신 뭐하는 사람이야?"
"중앙전업사 사장 변봉덕입니다. 얼마 전 모 호텔에 전화교환기 설치 계약을 하려고 했다가 청와대에서 압력을 넣는 바람에 계약이 무산되어 엄청난 손해를 보게 되었습니다."

"근데? 여기가 뭐하는 곳인 줄 알고 왔어?"

"뭐하는 곳이긴요. 국민들 잘 살게 해줘야 하는 곳 아닙니까? 국민을 위해서 일하는 곳 아닙니까? 국민들이 맘 놓고 생업에 전념할 수 있도록 해주는 곳이 바로 청와대입니다. 그런데 그 청와대가 권력을 남용해서 국민들 생업을 방해해서야 되겠습니까?"

그러자 그는 잠시 말문이 막혔는지 조용히 담배 한 개비를 꺼내 물더니 창밖을 바라보았다. 한참 후 입을 열었을 때는 상당히 정중해진 목소리였다.

"미안하게 됐소. 내 자세한 내막은 몰랐는데 나 때문에 손해를 봤다고 하니 내가 보상해주겠소. 일단 돌아가서 기다리시오."

반신반의했는데 며칠 후 그가 직접 전화를 걸어서는 모 건설사를 찾아가라고 했다. 그가 말한 곳에 갔더니 세 사람이 앉아 있었다. 그들은 내가 명함을 내밀자 그 자리에서 묻지도 따지지도 않고 내가 내민 계약서에 바로 서명했다. 한 달에 한 건 성사시키기도 어려운 일이었는데 한 자리에서 대형 계약을 3건이나 성사시킨 것이다. 권력의 힘은 참 막강하다 싶었다.

그런데 막상 계약을 성사시키고 보니 비애감이 밀려왔다. 매출은 늘었지만 나 스스로에게 떳떳하지 못했기 때문이다. 권력과 행정기관에 아부하며 사업을 할 수는 없었다. 아무리 어렵게 열게 된 문이라지만 떳떳하지 못하다면 열정을 바치거나 최선을 다할 수 없을 테고, 그렇다면 성공할 수도 없으리라. 전화교환기는 나의 길이 될 수 없다는 판단이 들었다. 무언가 다른 활로를 모색해야 했다.

그때 나에게 열린 또 다른 문이 바로 인터폰이었다. 전화교환기는 국가 통신망을 다루는 분야이다 보니 관의 입김이 세게 작용할 수밖에 없었지만, 인터폰은 국선을 통하지 않고 가정이나 건물 내에서 상대와 교신을 하는 것이라서 훨씬 관으로부터 자유로울 수 있었다. 그만큼 인터폰 시장은 공정한 게임이 가능했다는 뜻이다.

"전화기 한 대가 집 한 채 값만큼 비싸니 누구도 집에 전화기를 둘 엄두를 내지 못한다. 그러나 인터폰은 다르다. 인터폰이라면 훨씬 많은 사람들이 사용할 수 있다. 무엇보다 뇌물이나 비리 없이도 사업을 할 수 있다. 공정한 게임이라면 나의 열정에 따라 얼마든지 승산이 있지 않겠는가!"

이처럼 전화교환기라는 하나의 문이 닫히자 인터폰이라는 또 다른 문이 내 앞에 열렸다. 만약 전화교환기 사업에 안주했더라면 굳이 새로운 활로를 모색하지 않았을 것이고, 인터폰이라는 새로운 아이템으로 관심을 돌리지 않았을지도 모른다. 전화교환기 사업에서 느낀 회의가 오히려 새로운 아이템을 찾는 계기가 되었고, 지금의 코맥스를 있게 한 본격적인 시작점이 된 셈이다. 그러니 당장 눈앞에서 하나의 문이 닫힌다고 꼭 실망할 일은 아니다. 어쩌면 바로 그 문이 닫혀야 더 큰 문이 열릴 수 있을지도 모르니 말이다.

진짜 자존심은
꿈을 포기하지 않는 것

|

나는 지는 걸 싫어한다. 아니 지는 걸 싫어한다기보다는 승부수를 띄우는 것을 좋아한다. 돌아보면 철없는 어린 시절부터 그랬던 것 같다. 어린 시절 부산에 피난 가 있던 즈음에도 내 몸집만 한 아이스케끼 가방을 들고 팔러 다니다가 "권투 시합에서 이기면 다 팔아주겠다"는 미군들의 제안에 피가 터지도록 글러브 낀 손을 휘두르며 승부욕을 불태우곤 했다. 철없이 주먹질을 하고 다니던 고교 시절에는, 비록 공부에 별다른 두각을 드러내지 못했지만 주먹 하나 믿고 자신감만은 충만했다.

그런데 사업을 시작한 뒤로 간혹 자신감을 잃어버리는 순간이 닥치곤 했다. 사업을 하면서 다윗과 골리앗의 싸움처럼 도저히 이길 가능성이 없어 보이는 순간이 많았기 때문이다.

전화교환기에서 인터폰으로 전향한 무렵에는 더욱 그랬다. 전화교환기 사업을 그만두고 인터폰 사업에 뛰어들기로 한 나는 1969년 봄, 상호를 중앙전업사에서 '중앙전자공업사'로 바꾸고 세운상가에서 재창업했다. 전화기 사업을 처음 시작한 지 약 1년 만이었다. 나와 전화 받는 아가씨를 포함하여 단 세 식구가 함께하는 작은 사무실이었지만 나는 인터폰 사업이 대박 날 것이라는 희망에 한껏 부풀어 있었다.

그러나 그 희망은 반년도 채 못 되어 절망으로 서서히 바뀌어갔다. 남과 다른 중앙만의 인터폰을 만들겠다는 포부를 가지고 제품 개발에 집중하다 보니 수개월 만에 부채가 눈덩이처럼 커져 있었기 때문이다. 국내 최초 도어폰 개발이라는 쾌거를 이뤄냈지만, 그 쾌거의 달콤한 결실을 맛보기도 전에 눈덩이처럼 커진 빚덩이와 싸우게 된 것이다. 사실 빚은 전화교환기 사업을 하면서부터 있었는데 인터폰 개발에 들어가면서 5~6개월 동안 진 빚이 더해지자 더는 버틸 수 없을 정도로 임계점을 넘어서고 말았다. 소규모 기업이었기에 은행에서 대출을 해주지 않았다. 그래서 주변 사람들에게 빌리거나 고리를 물어야 하는 사채의 늪에 빠지고 말았다. 월 5%가 넘는 사채 이자는 그야말로 겨울날 폭설이 쌓인 운동장에서 눈덩이를 굴리듯 순식간에 불어나 있었다.

그런데 나를 더 큰 절망으로 몰아넣은 것은 단순히 늘어난 빚보다 확신에 차서 개발한 인터폰이 시장에서 철저하게 외면당하고 있다는 사실이었다. 그로 인해 나 스스로에 대한 믿음이 송두리째 흔들렸다.

'무엇이 잘못된 것일까. 왜 소비자들이 인터폰을 외면하는 것일까? 기존의 인터폰에 소비자들에게 꼭 필요한 벨 기능을 추가한 도어폰을 개발했는데 왜 시장에서 안 통하는 것일까? 잘 되리라 확신

했었는데, 그 확신이 나만의 착각이었다니……'

매일같이 수십 군데를 다니며 침이 마르고 목이 쉬도록 설명해도 사람들의 반응은 시큰둥했다. 저녁이면 기진맥진하여 아무런 성과도 없이 점포로 되돌아오는 날이 계속되었다. 아무리 노력해도 빚독촉만 심해지던 어느 날, 나는 극단적인 마음을 먹고 수면제 한 움큼과 소주 한 병을 사 들고 남산으로 향했다. 매서운 겨울 추위가 시린 가슴을 더욱 시리게 하던 1969년 연말이었다. 남산에서 내려다본 서울 시내는 화려한 네온사인이 빛났고 오가는 자동차들의 불빛은 생기에 넘쳤다. 오롯이 나만 혼자 어둠 가운데 있었다.

'그래, 소주 한 병 마시고 이 수면제 한 움큼만 입에 털어 넣으면 다 끝난다, 약을 먹고 잠들면 내일 아침에는 동사체로 발견되겠지. 더 이상 빚 걱정할 필요도, 되지도 않는 제품 개발한다고 밤을 지새울 필요도 없다. 다 끝났으니 이제 마음 편히 쉴 수 있겠지.'

그렇게 스스로에게 말하며 약 봉지를 입에 털어 넣은 순간. 어디선가 세찬 바람이 휘이익 불어왔고, 마른 겨울의 흙먼지도 함께 휘몰아쳤다. 천운이었을까, 흙먼지가 두 눈에 들어오자 나도 모르게 소주병을 떨어뜨리고 눈을 감쌌다. 흙먼지가 들어가 쓰린 눈을 비비느라 쥐고 있던 봉지를 떨어뜨려 약들이 여기저기로 흩어졌다. 잠시 후 쓰린 두 눈에서 눈물이 흐르면서 흙먼지가 씻겨 나왔다. 흙먼지를 핑계로 참았던 눈물을 터트리고 만 것이다.

사내대장부는 평생 딱 세 번 울어야 한다는데, 나는 그날 아이처럼 소리 내어 울고 말았다. 그것은 슬픔이 아니라 격정이었고, 나 자신에 대한 자책이었고, 버리려 해도 버릴 수 없는 희망에 대한 강한 의지이기도 했다.

'내가 무슨 짓을 하려고 한 걸까? 좀 힘들다고 죽을 생각을 하다니. 이 못난 인간아. 나를 믿고 돈을 빌려준 가족, 친구, 친지들은 어떡하라고. 무책임하게 혼자 가려 하다니. 죽더라도 그 빚 다 갚고 죽어야지. 살아야 한다. 죽겠다는 그 결심으로 더 강하게 살아야 한다.'

살자, 살자, 살아서 빚을 갚자! 그렇게 소리치며 산을 뛰어내려 왔다. 겨울바람 소리와 깊은 어둠 속에 내 소리는 묻혔지만 가슴속은 보다 큰 울림으로 가득 찼다. 그때는 몰랐다. 시장에서 외면받던 도어폰이 '국내 최초'라는 타이틀을 달고 대한민국 모든 집집마다 달리게 될 줄은. 중앙전자공업사가 전 세계에 코맥스라는 깃발을 꽂게 될 줄은! 그때 만약 바람이 불지 않아서 수면제를 삼켰더라면 얼마나 억울했을까. 마지막 순간 포기하지 않고 마음을 바꾼 것은 생각할수록 다행스러운 일이었다.

진짜 승부는 나 자신과의 승부다. 진짜 자존심을 지키는 것은 누군가를 이기는 것이 아니라 자신의 꿈을 끝까지 포기하지 않는 것이다.

고객의 마음을
세심하게 헤아려야 한다

사람은 큰 산에 걸려 넘어지는 것이 아니다. 작은 돌부리에 걸려 넘어진다. 그러니 항시 작은 위기나 작은 문제들부터 경계해야 한다. 사람과의 관계에 있어서도 마찬가지다. 누군가의 마음을 얻기 위해서 꼭 큰 선심을 베풀어야 하는 것은 아니다. 오히려 작은 정성을 들이면 닫혀 있는 마음도 쉽게 열 수 있다. 사업을 하면 할수록 실감하게 되는 바다.

전화교환기 사업을 하다가 인터폰 사업을 시작한 후 자금난을 조금씩 극복하면서 소비자들에게 우리 도어폰을 알려가던 1970년 대 초반 즈음이었다. 때마침 건설 경기 붐이 불어서 나름대로 도어폰에 비전을 두고 달려가고 있었는데, 뜻밖의 암초를 만났다. 1973년 10월 오일쇼크가 터진 것이다. 얼마 지나지 않아 겨울이 닥치자 건설 경기가 급속도로 침체되어 혹한을 맞이했다. 설 명절까지 집을 짓지 않으니 수개월 동안 일거리가 없었다. 당시 우리 중앙전자에는 약 20~30명의 세일즈맨이 있었는데, 날마다 출근을 해도 영업 나갈 곳이 없었다.

"이봐, 우리 이럴 것이 아니라 뭔가 고객들을 위한 일을 해보자고. 놀고 있으면 뭐해. 집집마다 다니면서 우리 인터폰을 불편 없이 잘 사용하고 있는지 점검해드리는 거야."

그들도 젊었고 나도 젊었다. 직원과 사장이라기보다 친구였고 같은 꿈을 향해 뛰는 동지였다. 우리는 젊은 패기를 밑천 삼아 일거리가 끊긴 그 혹한의 시기를 활기차게 이겨보기로 했다. 모두가 우리 인터폰이 붙어 있는 가정을 방문해 무료 점검을 하기로 했다. 그러자 일이 없어 침체되기만 하던 아침이 활기를 되찾았다. 아침마다 우리는 인터폰을 구매한 고객의 집으로 나가기 바빴다. 지금은 인터폰을 10년, 20년 써도 고장이 나지 않지만, 당시는 아직 인터폰 기술이 부족하던 시절이라 고장도 자주 났다. 그런데 우리 세일즈맨들이 일일이 찾아가 고장 난 제품을 수리해주거나 수거해서 새 제품으로 바꿔 달아주니 소비자들이 무척 좋아하고 고마워했다. 또, 한 번 방문한 집에는 "불편하신 사항 있으시면 연락 주세요"라는 메시지와 전화번호가 찍힌 스티커를 붙여 놓았다.

물론 고객 서비스에 들어가는 비용이 부담되긴 했지만, 우리가 만들어 판 제품인데 끝까지 고객들이 불편 없이 사용할 수 있게 해드리고 싶었다. 추위는 매서웠지만 우리에게 그해 겨울은 참 따뜻했다. 봄이 왔다. 그런데 생각지도 못한 일이 벌어졌다. 여기저기 건설사에서 중앙전자를 찾는 전화가 쇄도하기 시작한 것이다.

"중앙 인터폰을 달고 싶소. 소비자들이 중앙 인터폰만 찾아요."

겨울이 지나는 동안 중앙전자는 하루아침에 소비자들과 건설 주택업자들 사이에서 유명 브랜드가 되어 있었다. 중앙 인터폰을 달면 사후 관리가 철저해서 믿을 수 있다고 입소문이 난 것이었다. 소비자들이 중앙 인터폰만 찾으니 건설 주택업자들로서는 우리 제품을 달아 시공하지 않을 수 없었다. 집을 지은 다음에도 고장이 나지 않고 고장이 나도 확실하게 관리해주는 업체의 인터폰을 달아야 집값을 제대로 인정받을 수 있고 또 건물의 사후 관리도 편해질 수 있으니 그네들로서는 당연한 일이었다. "중앙 인터폰을 써라. 가격이 조금 비싸도 중앙 인터폰을 써야 한다"는 공감대가 업계에 형성되자 중앙 인터폰이 시장을 독점하다시피 했다.

아주 작은 진심, 그저 중앙이 만들어 판 제품을 고객들이 보다 편하게 사용할 수 있게 해드리고 싶다는 마음에서 시작한 일이었는데, 그 결과는 결코 작지 않았다. 그때 얻은 인지도가 초창기 사업 성장의 든든한 기반이 되었다. 고객의 마음을 얻으니 사업의 길이 열린 것이다.

기업 경영은 마음 경영이다. 경영자는 자기 마음도 경영해야 하지만 고객의 마음도 경영할 줄 알아야 한다. 고객의 마음을 경영한다는 것은 고객의 마음을 공급자 중심으로 좌지우지하라는 게 아니라 고객의 마음을 세심하게 헤아리고 살펴야 한다는 말이다. 불편한 점은 없는지, 더 바라는 부분은 무엇인지 마치 어머니가 자식을 키울 때 마른자리 진자리 살피듯이, 아들이 노모의 건강을 살피듯이, 사랑하는 연인의 마음을 챙기듯이 그런 마음으로 살펴야 한다.

고객은 고객이기 이전에 '사람'이다. 고객의 마음을 먼저 읽어야 사업도 성공할 수 있다. 진심이 통해야 하는 것이다. 진심이 있는 사람은 열정을 다하게 되고 거기에서 길이 열린다. 그것이 고객 만족이고 고객 감동 경영이다.

어제에 감사하라
오늘을 살아갈 힘이 된다

|

코맥스에 입사한 지 제법 오래된 임직원이라면 누구나 수없이 들어보았을 정도로 내가 자주 하는 이야기가 있다. 바로 어린 시절 피난길에 오르던 이야기다.

나는 평안남도 평양 출신이다. 4남 4녀 중 아들로는 막내였다. 지금이야 그렇지 않지만 젊은 시절 사업을 하던 초창기에는 북한에서 온 피난민 출신이라고 '38따라지'라 불리며 제법 소외감을 느끼는 일도 많이 겪었다. 그러나 남들이야 꼬리표를 붙여 부르던 말던 나에게 있어 38따라지로 고생한 경험은 내 인생의 큰 약이 되었으니 오히려 감사한 일이다.

우리 집은 평양에서 제일 컸다. 또 아버지는 평양 최고의 의사이자 평양 최대 규모의 병원을 운영하는 병원장이기도 했다. 당시 남한에서는 인제대학교 백병원이 제일 컸는데 우리 병원도 그에 맞먹는 규모였다. 20개가 넘는 입원실은 늘 환자들로 가득했고, 각층의 긴 복도마다 의사와 간호사들이 오고 가던 모습이 기억이 난다. 지역 최고의 지식인이었던 아버지는 너무 높은 곳에 있는 커다란 산처럼 가까이하기엔 너무 먼 존재였다. 비록 가까이할 수는 없었지만 아버지는 나에게 늘 공기처럼 든든하게 존재하는 생명 줄 같았는지 모른다. 그랬던 아버지께서는 38선이 그어지고 북녘 땅이 공산화되고 얼마 지나지 않아 일찍 돌아가셨다.

북한 땅에 공산 정부가 처음 들어섰을 때 지주나 지식인들이 모두 숙청되고 제거되었지만 아버지는 살아남았었다. 왜냐하면 병원 건물을 남로당사로 내주었기 때문이다. 그러나 아버지는 당원들의 감시 대상 1호였고 우리 가족은 언제 제거될지 모르는 위험한 상황에 놓여 있었다. 아버지는 월남하기 위해 여러 번 탈출을 시도했다. 가족들을 데리고 가족 여행으로 위장한 다음 길을 나선 적이 한두 번이 아니었다. 그대로 38선을 넘어 남쪽으로 내달리고 싶으셨겠지만 그때마다 미행이나 추격이 붙어 번번이 실패로 끝났다. 결국 아버지는 속을 끓이다가 1946년 심장 관계 지병이 심해져 아까운 나이에 돌아가시고 말았다.

그렇게 편모슬하에서 자라던 어느 날 6·25전쟁이 터졌다. 여자의 몸으로 홀로 자식들을 데리고 피난길에 나섰던 어머니는 대동강을 건너기 위해 배를 놓치면 안 된다며 계속해서 말하셨다.

"봉덕아, 그 배를 꼭 타야 한다. 살기 위해서는 그 배를 꼭 타야만 한다."

열한 살 어린 소년이었던 나는 어머니의 그 말만을 계속해서 되뇌었다. 국군이 퇴각하면서 인민군들이 다리를 넘어 추격할까 봐 대동강 다리를 폭파해버렸기 때문에 강을 건널 방법은 배밖에 없었다. 12월의 한파가 불어닥치긴 했지만 강물이 아직 꽁꽁 얼지 않아 걸어서 강을 건널 수는 없었다. 다급해진 사람 중에 철교 위를 걸어서 건너다가 떨어져 죽는 사람도 생겼다. 그때 국군이 미처 불사르지 못한 큰 배 한 척이 발견되었는데, 어머니는 그 배를 꼭 타야 한다고 신신당부하셨던 것이다.

어른들이 배를 끌어 강가에 붙였다. 얼어붙기 시작한 강가의 살얼음 때문에 배를 움직이기가 쉽지 않았다. 나도 힘을 보탠답시고 어른들 사이에 파고들어 낑낑거렸다. 그 배가 우리의 유일한 살길이라고 생각했기 때문이다. 배가 강물에 뜨자 사람들이 서로 먼저 타겠다고 달려들었다. 그러자 순식간에 사람들로 가득 찬 배가 지체할 새도 없이 미끄러지듯 출발해버리는 것이 아닌가. 나는 순간적으로 뛰어올라 배 끄트머리를 잡았다. "그 배를 놓치면 죽는 거다", 어머니 말씀이 귀에 웅웅 거렸다. 어린애가 무슨 생각으로 커다란 배 한 귀퉁이를 잡고 매달렸을까. 잘 기억은 나지 않지만 분명한 것은 그것을 잡아야 살 수 있다는 간절함이 내 안에 있었기 때문일 것이다.

열한 살 소년이 대롱대롱 매달린 채 배가 점점 깊은 강 한가운데로 나가자 그것을 발견한 사람들이 나를 가리키며 소리를 질렀다. 애가 매달렸다! 어머니도 나를 발견하고는 애가 매달렸다고 살려달라고 저러다가 빠져 죽는다고 소리치며 울었다. 나 역시 큰 소리로 어머니를 부르며 우리 가족들이 아직 타지 못했다고 소리를 질렀다. 하지만 배는 멈추지 않았다. 팔에 힘이 빠져갔다. 마침 배에 탄 사람들이 나를 끌어올려준 덕분에 다행히 목숨을 건질 수 있었다.

그 후로도 죽을 고비를 여러 번 넘겼다. 전쟁 통에 우리 가족은 이산가족이 되었고 서울에서 다시 만날 때까지 지옥을 오가는 두려움과 배고픔에 떨어야 했다. 병원 집 막내아들로 자라 배고픔을 모르던 내가 감당하기에는 참 힘든 시련이었던 것 같다. 그렇게 나는 고생을 배워나갔다.

　　그때 고생에 비하면 사업을 하면서 겪은 고생은 어쩌면 작은 것인지도 모른다. 지금도 여전히 내 앞에 코맥스라는 배를 지휘하기 위해 감당해야 하는 경영자로서의 난제들이 많이 놓여 있지만, 사업 초창기에 겪은 고생에 비하면 아무것도 아니라고 다독이곤 한다.

　　'젊어서 고생은 사서라도 한다.'

　　이 말은 어른들이 젊은이들의 마음을 위로하기 위해 그냥 하는 말이 아니다. 내가 나이를 먹으니 더욱 분명히 알 수 있게 되었다. 젊어서 고생은 마치 '인생의 예방접종'과도 같다. 예방접종은 사실 병원균을 몸에 집어넣고 저항력을 기르는 게 기본 원리 아닌가. 고생도 마찬가지다. 시련은 고되지만, 자신의 인생에 아주 유익한 예방주사를 놓아주는 법이다.

　　그러니 고생스러운 과거였더라도 지나간 어제에 감사하라. 오늘을 살아갈 힘이 생긴다. 고생스럽더라도 오늘에 감사하라. 내일은 진짜 감사할 일이 생길 것이다. 감사는 살아가는 힘이 된다. 일을 잘 풀리게 하는 긍정의 기운이 되어준다.

그 누구도
버릴 인연은 없다

인사가 만사라고 한다. 사업을 하면서 이 말만 한 진리가 없다. 그만큼 사람이 중요하다는 뜻일 게다. 한 가지 다행스러운 것은 나는 천성적으로나 후천적으로나 세상의 어떤 지위에 있는 어떤 사람을 대면해도 그다지 긴장하거나 주눅이 들지 않는 편이라는 점이다. 나보다 힘 있는 사람 앞에서도 기죽지 않고 당당하게 하고 싶은 말은 할 수 있어야 한다. 나보다 약한 사람 앞에서는 권위적이거나 고압적이지 않게 인간 대 인간으로 예의를 갖춰 대할 수 있어야 한다. 그런데 이 처신이 말만큼 쉽지는 않다. 나는 그것을 몸으로 배웠다.

고등학교 시절 나의 친구들은 '거지들'이었다. 우스갯소리가 아니라 진짜 거지들이었다. 우리 가족은 부산에서 피난 시절을 보내다 전쟁이 끝나고 서울에 올라와 자리를 잡았는데, 앞서 말한 대로 평양 출신 38따라지였으니 서울은 누구 하나 도와줄 사람 없는 타향이었다. 어머니는 생계를 떠맡아 가정을 꾸려 나가는 것만으로도 바쁘셨고 우리 남매들은 각자 알아서들 자랐다. 다행히 공부는 알아서 다 잘했는데 막내아들인 나는 다소 활달한 편이라 공부에 별 흥미가 없었고, 오히려 여기저기서 싸움질도 하고 다녔다. 시대는 암울하고 불안한데 피는 뜨거운 시절이었던 까닭이리라.

서울 양정고등학교를 다니던 시절 주로 명동에서 친구들과 어울렸다. 지금은 화려한 명동이지만 당시엔 전쟁의 폐허가 고스란히 남아 있는 황량한 곳이었다. 집들은 다 파괴되었고 부서진 건물 지하에는 고아들이나 거지들이 모여 살았다. 그곳을 지나가다 마주치면 싸우기도 하고 주먹다짐도 했다. 그러다 친구가 되어 함께 어울리기도 했다. 깡패 친구들도 많았는데, 모두 소속이 있어서 누구는 명동파, 누구는 동대문파, 누구는 종로파였다. 나는 딱히 소속된 곳은 없었지만 친구들이 다른 파와 싸움이 붙으면 의리를 위해 달려가 위험을 무릅쓰고 힘을 보태주곤 했다. 그야말로 야인시대, 장군의 아들 김두한이 우리의 우상이던 철없던 고등학교 시절의 이야기다.

그래서 그런지 사업을 시작한 이후에도 간혹 직원들이 술을 먹다가 모르는 사람들과 시비가 붙어 파출소에 끌려가면 종종 자신의 가족이 아니라 나에게 연락을 해오곤 했다. 그러면 당장 파출소로 달려가 그들의 신원을 보장해주고 잘 이야기해서 풀려나오게끔 도와주곤 했다. 그럴 때면 꼭 묻는 말이 있었다.

"임마! 맞았어, 팼어?"

맞았다고 하면 역성을 내고 팼다고 하면 잘했다고 칭찬을 하곤 했다. 가족 같아서인지 어디 가서 직원들이 맞고 다니는 것만큼은 용납이 되지 않았다. 혈기 왕성하던 젊은 사장 시절의 이야기다.

한양대학교에 다니던 시절의 친구들은 주로 정치에 입문한 친구들이 많다. 우린 흥사단에 들어가 민족과 국가에 대한 철학을 세우며 날마다 사회 문제에 대해 토론하고 4·19 세대로 뭉치기도 했다. 그때 어울린 친구들 중에는 훗날 이름만 대면 알 만한 정치인이나 관료도 나왔다. 지금이야 가끔씩 만나 식사하면서 세상 돌아가는 이야기나 하는 인생 친구일 뿐 정치를 논하지는 않는다. 시대는 흘러갔고 인생도 흘러갔지만 인연은 남았다.

아주 어린 시절의 친구 중에는 화투꾼이 된 녀석도 있으니 참 나의 인맥 스펙트럼은 상당히 광범위한 게 사실이다. 어린 시절부터 지금까지 이런저런 다양한 사람들과 만났던 일이 나의 속사람을 넓고 풍성하게 만들어주었다. 그러니 주변의 그 누구도 버릴 인연이란 없고 모두가 소중한 사람들이다.

돈 계산을 잘한다고 사업을 잘하는 게 아니다. 인생을 알아야 넓게 보고 크게 생각할 수 있다. 사람을 보면 인생이 보인다. 그러니 나에게 깨달음을 주는 인연들이 얼마나 소중한가. 좋은 인연도 나쁜 인연도 결국은 나에게 이익을 준다.

기본은
힘이 세다

|

낮 12시가 되면 직원들이 하나둘 일어나 사내 식당으로 향한다. 코맥스의 사내 식당은 집밥과 같은 편안함으로 사람들을 맞이한다. 호사스런 음식보다는 위생적이고 건강을 먼저 생각하는 따듯한 집밥이다. 간혹 요구르트나 딸기 우유, 핫케이크 등이 디저트로 나와 심심치 않다. 나 역시 점심시간이 되면 식당으로 가서 직원들과 함께 식사를 한다. 주로 임원진들이 나와 한 테이블에 앉아서 점심을 먹는데, 이미 오랜 세월 함께 해온 직원들이라 집식구들처럼 편안하다. 밥을 함께 먹으니 피는 섞이지 않았어도 그들은 정든 나의 식구들이다.

내가 식당으로 향하는 백여 미터를 걷는 동안 종종 눈여겨보는 것이 있다. 바로 사옥 마당에 쌓여 있는 카톤 박스들이다. 차에서 내리고 있는 박스도 있고 한쪽 구석에 쌓아 둔 박스들도 종종 눈에 띈다. 처음 사업을 시작할 때는 이렇다 할 박스 포장도 제대로 갖추지 못했는데, 이제 코맥스 로고가 찍힌 깔끔한 디자인의 박스들이 척척 각을 맞춰 정리된 것을 보면 박스 하나하나가 어여쁜 손주 녀석들처럼 대견하기 그지없다.

그런데 거기서 나는 테이핑 상태를 눈여겨본다. 테이핑 상태까지 뭐 하러 회장이 살피는지 의아해하는 사람들도 있을지 모르겠다. 그렇지만 오랜 습관처럼 나의 눈은 그리로 가곤 한다. 그것을 보면 제품 관리가 제대로 되고 있는지, 아닌지를 한눈에 느낄 수 있기 때문이다.

테이프 하나를 붙여도 제대로 붙여야 한다. 삐딱하게 붙이고 엉성하게 붙이면 고객이 받아볼 때 그 안에 들어 있는 제품에 대한 신뢰도가 떨어질 수 있다. 국내 대리점이나 해외 대리점 등 코맥스의 주된 소비자가 제일 처음에 보게 되는 것은 제품 자체가 아니라 카톤 박스다. 그걸 뜯어야 제품이 나오기 때문이다. 그러니 카톤 박스에 테이핑이 엉성하게 되어 있으면 첫인상부터 신뢰감이 떨어진다. 그래서 카톤 박스 테이핑 상태를 유심히 보는 것이다.

모든 일에는 표준이 중요하다. 무엇을 표준으로 삼아야 할까. 작은 기본부터 지켜야 표준이 제대로 정착된다. 기본을 지켜서 작업을 정확하게 하도록 관리해야 직원들도 보고 배우며 표준이 무엇인지 분명하게 알 수 있다. 그런데 기본이 대충 방치되면 모든 관리가 다 대충 흘러가게 되고 그것이 마치 표준인 양 자리 잡고 만다. 품질 관리, 생산성 관리 등 모든 관리는 기본에서 나온다.

과거에 한창 현장을 다니며 대리점을 돌아볼 때도 마찬가지였다. 대리점을 돌아볼 때면 미리 현황 자료도 보고 시장조사도 하고 또 현장에 나가 인근 경쟁업체의 대리점에도 손님인 것처럼 들러서 분위기를 파악하기도 했다. 또 우리 대리점과 거래하는 소매 점포도 들러서 우리 대리점에 대한 평판을 슬며시 들어보기도 했다. 그런데 그

모든 것보다도 가장 눈여겨봤던 것은 바로 우리 대리점의 유리창이
었다.

묵은 손때가 그대로 남아 있는 먼지 낀 창은 많은 것을 말해준
다. 잘 돌아가는 대리점에서는 아침에 문을 열 때 제일 먼저 고객의
시선이 머물게 될 창부터 닦고 주변을 정리 정돈한다. 정돈된 환경에
서 그날의 할 일을 점검하고 고객을 맞이할 준비를 하는 것이다. 유
리창의 먼지뿐만 아니라 여직원의 전화 목소리, 고객을 대하는 태도
하나하나가 그 대리점이 어떻게 경영되고 있는지를 나에게 말해준
다. 판매 및 영업실적은 보나 마나다. 그런 마음에 차지 않는 대리점
사장에게는 함께 식사를 하거나 차를 마시는 자리를 따로 마련해서
슬그머니 이야기를 꺼내곤 했다.

"자네 요즘 사업이 어떤가?"

회장이 소식도 없이 들렀으니 어쩌면 그네들은 조금 불편해할지
도 모른다. 그런 마음을 알기에 되도록 부담스럽지 않게 세상 돌아가
는 이야기를 하면서 차를 얻어 마시고 담소를 나누다가 입을 연다.
간혹 흉허물 없이 오래된 대리점 사장 같으면 단도직입적으로 말하기
도 한다.

"자네 경영을 왜 그런 식으로 하나? 그렇게 해서 영업이 제대로
되겠나?"

처음엔 깜짝 놀라지만 내가 허심탄회하게 지켜본 것들을 이야기하면 그들도 자신의 고충을 털어놓게 된다. 그들에게 경영에 집중하지 못할 만한 사정이 있다면 나는 인생 상담도 해주면서 해결점을 함께 찾아가곤 했다.

물건을 파는 게 중요한 게 아니라 기본을 잘 지키는 것이 먼저다. 청소 상태, 옷차림, 말씨 등 그 모든 것은 고객을 맞이하는 사람의 마음을 나타내주는 것이다. 정성을 다하는 마음이라면 흐트러진 모습이 나올 수 없다. 진심이 있다면 겉으로 드러나게 마련이다.

기본은 힘이 세다. 세월이 흐르고 시대가 달라져서 고객관리에 대한 이런저런 의견이 많지만 나는 언제나 기본을 믿는다. 그것은 내가 사업을 처음 시작하던 50년 전이나 지금이나, 또 50년 후에도 변함없이 우리 코맥스를 지탱하는 힘이 되어주리라 믿기 때문이다.

계산을 넘어선
순수한 열정이 필요하다

최근에 나는 대외적인 회의에 참석하거나 언론 및 방송의 인터뷰에 응하는 일이 많아졌다. 코맥스의 역사가 50년이 넘어가니 사회적인 관심도 많아지고 경제·재계에서 차지하는 비중도 적지 않아서 이런저런 인터뷰 요청이 부쩍 많아진 듯하다. 그런데 회의를 하거나 인터뷰를 하거나 어떤 일을 할 때마다 내가 가장 중시하는 것 중의 하나가 바로 소통이다. 소통이 잘되고 원활해야 우수한 제품이 나오고 계약이 성사되고 거래처나 고객과의 신뢰가 쌓인다는 것을 오랜 경험을 통해 알고 있기 때문이다.

그래서 나는 지금도 소통을 멈추지 않는다. 점심시간마다 임원들과 함께 식사를 하고 나서 티타임을 갖는 것도 소통을 위한 일이다. 매주 수요일에 갖는 C-프로젝트와 디자인회의 역시 소통의 자리이다. 나는 특히 C-프로젝트와 디자인회의에 애착을 가지고 있고 그 시간을 즐긴다.

2000년 무렵 홈 네트워크 시스템을 개발할 때 그 핵심이 된 곳이 바로 사이버팀(cyber team)이었는데, C-프로젝트는 바로 그 사이버팀에서 비롯되었다. 당시 사이버팀에서 홈 네트워크 개발을 위해 영업 담당자, 기술 담당자, 디자인 담당자 등 각 담당자들이 정기모임을 가지면서 긴밀하게 개발 논의를 계속하다 보니 커뮤니케이션이 보다 긴밀해졌다. 그 전에는 기술 쪽, 영업 쪽 등 부서별로 접하는 정보가 다르고 입장이나 시각도 달라서 종종 오해가 생기기도 했는데, 사이버팀 회의체에서는 각 부서 사람들이 한데 모여 소통하다 보니 그러한 한계를 자연스럽게 개선할 수 있었다. 소통이 이래서 중요한 것이구나, 하고 실감하게 된 계기였다. 그렇게 시작한 회의체는 지금도 회사의 굵직한 사안에 대해 심도 있게 논의하거나 아이디어를 제안하는 회의체인 C-프로젝트로 이어지고 있다. C는 COMMAX의 C를 뜻하기도 하고 Communication의 C를 뜻하기도 한다. 코맥스는 오래 전부터 소통을 중시해 온 기업임을 알 수 있다.

디자인회의는 역사가 더 오래되었다. 코맥스가 브랜드 디자인을 개발하던 시기에 생겨서 오늘날까지 이어지고 있으니 30년이 훌쩍 넘었다. 매주 새롭게 주어진 과제에 대해 디자인 안을 제출하고 함께 논의하는 자리다. 언제나 새로운 디자인 안을 만들어내야 하니 맡은 사람들에게는 창작의 고통이 따른다. 그러나 그만큼 보람도 있고 더 차원 높은 희열이 있다.

이러한 시간들은 일주일에 한 번, 두어 시간씩 진행되지만 시간이 쌓여 1년에 50회가 넘어가면서 모든 직원들이 코맥스의 변화와 흐름을 함께 공유하면서, 더 나아가 코맥스의 방향을 함께 만들어갈 수 있는 자리가 되었다. 한 집에서 한솥밥을 먹고 살아도 생각이 다른 법이다. 소통을 해야 서로 다른 생각을 알 수 있고 서로 대응하면서 한 배를 움직일 수 있는 것이다. 그러니 소통을 통해 서로가 바라보는 목표 지점을 함께 공유하는 것이 중요하다.

2017년 말 경영회의 때였다. 2018년 코맥스의 나아갈 방향에 대해 각 부문별로 계획을 발표하고 토론하는 시간을 갖다 보니, 거의 하루 종일 릴레이 회의가 이어졌다. 그 자리에서 나는 "제4차 산업혁명 시대를 맞이하고 있으니 그에 대한 보다 실질적인 대비책이나 구체적인 방안들을 세우라"는 당부를 했다. 보고를 위한 보고로는 아무런 변화를 만들어낼 수 없다. 언제나 내가 가장 강조하는 것은 삶에 대한 진지한 열정을 가지라는 것이다.

"월급을 보고 일하면 돈의 노예가 된다. 계산에 따라 이익만 따지면 일하는 즐거움을 느끼기 힘들지 않을까? 계산에 앞서 순수한 열정이 필요하다. 순수한 열정이 있는 사람은 자신이 하는 일에서 의미를 발견하고 살아가는 이유를 찾아낸다. 그런 사람은 일하는 자세가 완전히 다르다. 그런 사람이 성공할 수 있고 그런 인재를 통해 회사도 발전한다."

과거에 비해 모든 것이 체계가 잡히고 정교한 기준들이 세워진 시대이다. 그러나 정작 삶에 대한 진지한 열정을 가진 사람이 부족해서 아쉬울 때가 종종 있다. 자신의 삶과 일에 대해 진지한 열정이 있는지 자문할 필요가 있다. '진심(眞心)'은 진지한 마음이며, 진지한 열정이다. 그것이 있으면 남들과 똑같은 일을 하고 있어도 그 일에서 자신만의 보람과 의미를 찾을 수 있고 그래야 남다른 성취감도 느낄 수 있다.

돈을 물려주기보다는 정신적 유산을 물려주고 싶다. 그렇다고 내가 남보다 나은 훌륭한 정신적 유산을 가지고 있다는 식의 교만한 마음에서 하는 말은 아니다. 돈은 있다가도 없고, 없다가도 있는 것이다. 돈을 물려준다는 것은 언젠가 사라질지도 모르는 허망한 것을 물려주는 것이 될 수 있다. 그러니 작고 소박한 것일지라도 내가 지닌, 나를 나답게 만들어준 정신적 유산을 내 자손이나 나 다음에 올 젊은이들에게 물려주고 싶다. 그러한 마음으로 이 글을 남기고 있다.

순수한 열정이 있는 사람은
자신이 하는 일에서 의미를 발견하고
살아가는 이유를 찾아낸다.
그런 사람이 자신도 성공하고 조직도 발전시킨다.

2부

프런티어 경영

꿈을 향한 도전은
끊임없이 계속된다

해외 영업은
성공과 실패가 교차하는 긴장의
나날들이었다.
매 순간이 고비였고 승부였다.
그러나 그 긴장감은
바닷바람처럼 시원하고
가슴을 뜨겁게 하는 그 무엇이었다.

기업을 경영하는 일은

연어가 물살을 거슬러 올라가는 것과 같아서

끊임없이 앞으로 나아가지 않으면

현재도 붙잡지 못하고 뒤로 도태되고 만다.

우리네 살아가는 일은

기업을 경영하는 것과 같아서

끊임없이 새로운 프런티어를 향해 도전하지 않으면

제 삶의 주인이 되지 못하고 세월의 물살에 휩쓸리게 된다.

큰 배를 띄우려면
깊은 바다로 가라

나의 집무실에는 벽 하나를 가득 채울 만큼 커다란 세계지도가 붙어 있다. 그 세계지도에는 여느 지도처럼 오대양 육대주, 그러니까 황토빛 땅과 푸른 바다가 그려져 있다. 내가 서 있는 곳은 세계 가운데에서도 작은 나라 대한민국, 그중에서도 경기도 지역의 성남이라는 한 지점, 그래, 한 점에 불과하다. 그러나 멀리 떨어져 좀 크게 보면 그 점은 바다를 통해 전 세계와 이어져 있다.

바다를 처음 본 것은 부산 피난 시절이었다. 아니 그전에도 본 적이 있었겠지만 내 뇌리에 각인된 첫 바다는 부산의 바다였다. 부산에서 본 바다는 각별했다. 사실 부산 피난 시절은 우리 가족 모두에게 힘들고 고생스러운 시절이었지만 바다만큼은 왠지 절망보다는 희망을 말해주는 듯했다. 저 바다 멀리엔 뭐가 있을까, 큰 배를 타고 저 바다를 항해한다면 얼마나 멋질까, 상상하면 답답한 가슴이 확 트이고 복닥거리는 삶 속에 쌓인 울분이 모두 풀려나갈 것만 같았다. 그래서였을까. 언제부터인가 바다를 꿈꾸었다.

부산 국제시장 앞에서 구두닦이를 하면서 광을 내기 위해 침을 발랐다가 큼지막한 사내의 손에 뺨을 얻어맞고 나뒹굴었을 때도 바다를 생각했다. 권투 시합에서 코피가 터지도록 맞은 대가로 미군들에게 아이스케키를 다 팔아 해치우고 어머니와 오남매가 다닥다닥 몸을 부대끼고 자야 하는 좁디좁은 방에 돌아갔을 때도 바다를 생각하곤 했다. (원래 4남 4녀였는데 큰 형님은 전쟁 통에 군에 가서 함께 피난하지 못했고, 작은 형은 장티푸스로 일찍 세상을 떠났고, 큰 누님은 시집을 간 후라 부산 피난 시절엔 오남매와 어머니 이렇게 여섯 식구가 살았다.)

평양에서 제일 큰 병원 집 아들로 귀한 대우를 받던 봉덕이는 이제 세상에 없었다. 그 변봉덕은 대동강을 건널 때 이미 죽었다. 이젠 살아남기 위해 무엇이라도 해야 하는 악착같은 봉덕이만이 존재했다. 물론 나 혼자만의 아픔은 아니었다. 그 시절 우리는 모두가 비슷한 상황이었고 어쩌면 그래서 서로를 보며 버틸 수 있었는지도 모른다. 그러나 현실이 암울하다고 꿈까지 버릴 순 없었다. 아니 어쩌면 현실이 암울할수록 꿈은 가슴속에서 더 선명해지고 있었는지도 모른다.

1953년 휴전 후 대부분의 피난민들은 고향으로 돌아갔지만 우리 식구는 북쪽으로 돌아갈 수 없어서 서울에 정착했을 때도 삶은 여전히 녹록지 않았다. 식구가 많으면 세도 안 주던 팍팍한 시절이라 어머니는 어렵게 동대문 밖 신당동에 여섯 식구가 살 월세방을 겨우 얻었다. 시멘트 블록으로 허술하게 지은 군대 막사 같은 집이었지만 그마저도 임대 기간이 짧아 그 후로도 열 번이나 이사를 다니면서 집 없는 설움을 당해야 했다.

그래서였을까. 서울에서 양정고등학교를 다닐 때도 바다는 항상 나의 가슴을 뜨겁게 하는 그 무엇이었다. 주변을 돌아보면 전쟁의 폐허, 무너진 건물과 가난 그리고 질병이 도처에 만연해 있었다. 산업화 이전의 한국 사회는 마치 세계라는 본체에서 혼자 동떨어져 나와 멈춘 시계 같았다.

더 넓은 세상으로 가고 싶었다. 그런 내가 해양대학교에 가고 싶어 한 것은 당연한 바람이었으리라. 그러나 아쉽게도 특차에서 떨어진 후 한양대학교 수학과에 합격한 것이 내 인생의 방향을 바꿔놓았다. 해양대학교 진학을 포기하면서 오랫동안 꿈꾸던 바다는 나의 인생에서 아스라이 멀어지고 기억 속에서도 희미해져 갔다.

그러다가 다시 바다를 생각하게 된 것은 사업을 시작하고 나서 몇 년이 지난 후였다. 전화교환기 사업을 하다가 인터폰에 손을 대기 시작할 무렵이었는데, 앞에서도 이야기했듯이 전화교환기를 하다가 인터폰으로 눈을 돌린 것은 인터폰 사업이 장차 발전 가능성이 더 크다는 현실적인 판단도 영향을 끼쳤지만 비리가 만연한 전화교환기 사업 판로에 대한 회의가 더 큰 이유였다. 그러나 인터폰 시장도 온전히 비리로부터 자유롭지 못했다. 한반도. 그것도 절반은 잘려나간 허리 밑의 대한민국은 너무 좁았다. 이 좁은 땅덩어리에서 이권 다툼하느라 서로 속이고 뇌물을 주거나 계약을 빼앗는 식의 제 살 깎기 경쟁을 하면서 살아남아야 하는 현실이 답답했다. 무언가 돌파구를 찾아야 했다. 그때 다시 바다를 떠올린 것이다.

"해외로 가자! 좁은 땅, 레드오션에서 피 흘리기 경쟁하느라 에너지를 낭비할 필요는 없다. 비리를 저지르면서까지 관 납품은 하지 않겠다. 해외로 가서 나의 땅을 개척하자."

나는 공정한 링을 원했다. 열심히 일하고 열정을 바친 만큼 성과를 거둘 수 있는 곳, 누군가의 개입이나 권력의 입김 때문에 먹거리를 빼앗기지 않고 페어플레이가 가능한 곳을 말이다. 국내에서는 관납품 대신 대리점을 통한 판매 촉진에 주력하는 전략으로 선회하고 해외시장을 개척해보기로 했다.

우선 국내 판매망을 구축하기 위해서 세운상가를 중심으로 인터폰을 팔던 방식에서 더 범위를 확대하여 국내 곳곳에 판매조직을 만들었다. 서울 및 경기는 물론, 대구, 대전, 순천, 전주, 부산, 광주, 인천 등에 대리점을 만들면서, 투명하게 고객을 상대로만 판매할 수 있도록 판매조직을 정비했던 것이다. 다음 단계 목표는 수출! 국내가 아니라 더 넓은 바다, 무한한 가능성의 세계로 나가는 것이었다.

큰 배를 띄우려면 깊은 바다로 나가라 했던가. 바다는 비록 안정된 땅보다 더 험하고 예측하기 어려운 암초가 가득한 곳이지만 내 열정과 땀이 배신당하지는 않을 거라는 믿음으로 뛰어들었다.

안 되는 이유보다
되는 이유를 찾아라

|

"중앙전자공업사?"

"네."

"그런 회사도 있었나? 사무실이 어딘데?"

"세운상가에 있습니다."

"이 사람…… 일본에는 아무나 가는 줄 아나? 구멍가게 같은 회사는 보내줄 수가 없어."

1970년대 초. 중앙전자공업사가 수출에 눈을 돌리기 시작한 것과 마찬가지로 정부에서도 당시 박정희 대통령이 경제개발에 박차를 가하기 시작하면서 "수출하는 기업이 애국하는 기업!"이라는 기치를 높이 내걸었다. 그런 분위기 속에서 정부가 일본의 앞선 전자기술을 배우기 위해 전자사절단을 보낸다고 발표하자 나는 작심하고 소관부처인 상공부(商工部)에 찾아가 전자사절단 신청을 했다. 그러나 여권 만들기도 쉽지 않은 시절인 데다, 영세업체라고 여겨졌던지 담당 공무원은 나를 어설픈 애송이 대하듯 했다. '중앙'이란 이름 또한 그가 알 리 없었다. 그럴수록 오기가 생겨 물러설 수 없었다. 담당자와 옥신각신 언성이 높아지자 급기야 담당 과장까지 "왜 이렇게 시끄럽냐?"며 끼어들었다.

"수출 좀 해보려고 일본 가서 배워 오겠다는데 나라에서 도와주지는 못할 망정 왜 못 가게 합니까? 수출을 하라면서요? 수출하는 기업이 애국하는 기업이라면서요? 수출하려면 가서 배워 와야 하지 않겠습니까? 나랏돈으로 보내달라는 것도 아니고 내 돈 내고 내가 가겠다는데 왜 안 됩니까? 이런 식으로 한다면 기업들 수출 진작이 되겠습니까?"

억지 아닌 억지를 부린 덕이었는지, 운이 따랐는지 다행스럽게 나는 전자사절단에 끼어서 1972년 일본 땅을 밟게 되었다. 그보다 앞선 1971년, 한국전자전에 우리가 개발한 도어폰을 출품했을 때 소비자들의 반응과 관심을 직접 확인한 적이 있기 때문에 나름대로 해외시장에 대한 자신감이 있었지만 막상 선진국인 일본의 기술을 직접 가서 본다고 생각하니 조금 긴장이 되기도 했다.

그해 일본전자박람회에 참가해서 우리나라보다 수십 년 앞서 있는 그들의 기술과 다양한 제품을 직접 눈으로 보면서 안목을 키운 것도 의미가 있었지만 더 기억에 남는 것은 일본의 인터폰 제조회사들을 돌아본 일이다. 코트라를 통해 일본 측에 요청해서 이루어진 일인데, 여러 인터폰 제조회사 중에서도 특히 평소에 관심을 가지고 있던 기업인 중 한 명인 '마쓰시타 고노스케'가 세운 마쓰시타전기산업(주)의 요코하마 통신기 공장에 가본 것이 깊은 인상을 남겼다.

처음엔 그들이 자신들의 생산 라인 공개를 거부했지만 나에겐 공개를 요구할 권리가 있었다. 일본 방문 전에 마쓰시타 측에서 먼저 코트라를 통해 우리 중앙전자공업사의 생산시설을 보고 간 적이 있었기 때문이다. 내 입장에서는 남루한 생산 라인을 외국 관계자에게 보이기가 민망해서 거부하려 했지만 우리 정부에서 강하게 요구하는 바람에 공개한 적이 있었다.

마침 그 무렵 마쓰시타 고노스케의 전기가 국내에 출간되어서 관심을 가지고 그 책을 읽었던 터였다. 꼼꼼한 일본 사람들은 우리 작업장을 돌아보다 그 책을 발견하고는 고노스케의 전기를 읽었냐고 물었다. 내가 무척 감명 깊게 읽었다고 하자 한국의 작은 중소기업의 작업장에서 발견한 자기네 회장의 전기를 카메라로 찍어가기도 했다.

고노스케는 경영의 신이라 추앙받는 인물로 2차 세계대전 패전국인 일본 경제가 다시 일어서는 데 큰 기여를 한 기업인이다. "좋은 물건을 싸게 많이 만들어 공급함으로써 가난을 몰아내 물질적 풍요를 실현하고 사람들에게 행복을 가져다준다"는 것을 기업인으로서의 사명으로 삼았다는 고노스케의 철학 또한 공감이 갔다. 물론 일본이 전쟁을 벌이는 과정에서 보인 마쓰시타의 행보는 결코 공감할 수 없었지만 말이다. 여하간 마쓰시타전기 측이 우리 공장을 방문한 적이 있었기 때문에 일본에 갔을 때 마쓰시타전기 측에서 공장 공개를 거부하자 나는 강하게 반박할 수 있었다.

"지난번 한국에 왔을 때 우리 생산 공장을 낱낱이 다 돌아보았고 사진까지 찍어 가셨는데, 마쓰시타 측의 공장을 보여주지 않는다는 것은 공정하지 못합니다. 우리도 마쓰시타전기의 공장을 볼 수 있게 해주십시오."

마쓰시타전기 공장을 둘러볼 때는 기대와 동시에 두려움도 적지 않았다. 혹시 전자동화되어 있는 것은 아닐까? 만약 그렇다면 우리가 그들을 따라잡을 수 없는 것 아닐까? 하는 생각들 때문이었다. 그런데 막상 직접 보니 마쓰시타전기의 통신기 공장은 생각보다 대단하지 않았다. 분명 우리보다야 앞서 있긴 했지만 그것은 충분히 '추격 가능한 정도'의 차이였다.

공장은 2층이었고, 각 층은 20~30평 정도 규모였다. 직원들이 다다미방에 상을 놓고 그 위에서 인터폰을 조립하며 용접하고 있었다. 컨베이어벨트로 공정 중인 제품이 자동으로 운반되는 것 외에는 우리와 크게 다르지 않았다. 물론 우리보다 시설이나 기술 면에서 다소 앞서 있는 것은 사실이었고, 규모도 우리보다 훨씬 컸지만 한마디로 단순히 시설이나 규모의 차이였지 기술의 차이는 아니었다.

누군가는 마쓰시타전기의 앞선 시설이나 규모를 보고 도저히 게임이 되지 않는다고 생각했을지 모르지만 나는 오히려 희망을 보았다. 추격 가능한 차이! 그렇다면 추격하면 될 일이었다. 도전은 그렇게 심플한 것이다. 코맥스는 세계를 향한 작은 출발점에 서 있었다.

가진 것은 열정뿐
기다려라, 맨해튼

|

지나온 시간 중에서 언제가 가장 행복했는지 묻는다면 사실 나는 모든 순간이 행복했다고 말할 수 있다. 꿈을 향해 땀 흘리며 발로 뛰고 때론 넘어져서 재기할 방법을 고민하던 힘겨운 순간까지도 돌아보면 모두 감사하고 행복한 시간들이었다. 그래도 부득불 어느 특정 시기를 꼽아야 한다면 해외 영업을 다니던 시절이라고 말하고 싶다. 그때만큼 성공과 실패를 넘나드는 긴장감 속에서 온 열정을 다해 발로 뛴 적은 없었기 때문이다.

첫 해외시장 공략지는 미국이었다. 난생 처음 가본 미국의 심장부, 뉴욕의 맨해튼은 거대한 산과도 같았다. 거인국에서 눈을 뜬 걸리버의 심정이 그러했을까. 어마어마한 규모의 번영 앞에 나는 잠시 아연했다. 여전히 전쟁이 할퀴고 간 흔적을 안고 어떻게든 밥 굶지 않고 살아보겠다고 버둥대며 산업화니, 경제개발이니 하면서 이제 겨우 기지개를 펴고 있는 한국의 상황이 가슴 짠하게 느껴지기도 했다.

사실 미국을 공략하기 전 이미 국내에서 한 건의 수출 계약을 성사시키기도 했다. 세계시장 공략을 결심한 이후 그 기회를 무던히 찾아다녔지만 이름 없는 중소기업에 불과한 중앙전자공업사를 알아주는 곳이 별로 없어서 고전하던 중 어렵게 모 무역상사의 소개로 영국 바이어 앞에서 처음 우리 인터폰을 브리핑할 기회를 얻었다. 그 바이어는 영국에 판매할 경쟁력 있는 가격의 인터폰을 찾고 있었는데, 유감스럽게도 우리 제품에 대한 반응이 시큰둥했다. 디자인과 외양이 조잡하다며 제품 설명에는 귀를 기울이려고도 하지 않았다. 당시 우리가 만드는 인터폰이란 게 우리보다 훨씬 산업화가 앞선 영국 바이어의 눈높이에서는 엉성해 보였을 것이다. 그러나 품질 하나만큼은 자신이 있었기에 나는 그 점을 강조하며 밀고 나갔다. 카투사(KATUSA) 시절 영어를 익혔기에 영어로 의사소통을 하는 데 큰 어려움은 없었다.

"우리 제품이 미국이나 일본 제품처럼 겉모습이 세련되지 못한 것은 인정합니다. 그러나 품질만큼은 미국, 일본 제품에 절대 뒤지지 않는다는 것을 자신 있게 말씀드릴 수 있습니다. 고장만큼은 절대로 없을 것입니다. 만약 고장이 발생한다면 전량 다 교체해드리겠습니다. 이런 약속은 그만큼 품질에 자신이 있기 때문에 드릴 수 있는 겁니다."

전량 교체를 확언하는 말에 마음이 움직였는지 영국 바이어는 자세를 고쳐 앉으며 제품 설명에 귀를 기울이기 시작했다. 그리고 그 날 나는 첫 수출 계약을 따낼 수 있었다. 국내에서 이뤄진 수출 계약으로 본격적인 해외 공략에 앞서 전초전을 멋지게 치른 셈이었다.

맨해튼 도심 한복판에 섰을 때도 그 일을 생각하며 자신감을 가지려 애를 썼다. 기부터 죽어서야 어찌 거인국 사람들을 상대할 수 있으랴. 가진 것이 없을수록 자신감과 배짱이 있어야 하는 법이다.

당시 맨해튼 호텔비가 하루에 50달러 정도였는데 우리 정부에서는 해외에 나갈 때 500달러밖에 환전을 해주지 않았기 때문에 경비를 충분히 가져갈 수 없었다. 그러니 택시를 타고 바이어를 만나러 다니다가는 그 먼 이국땅까지 가서 하루 이틀 만에 경비가 다 떨어질 판이었다. 상황이 그런지라 경비에 쪼들려서 끼니를 굶는 날이 더 많았지만 숙소만큼은 최고급 호텔에 묵었다. 최고급 호텔에서 전화를 걸어야 상대방 기업 측에서도 괄시하지 않고 전화도 받고 응대도 해주었기 때문이다. 나는 호텔에서 전화를 걸고 당당하게 말하곤 했다.

"나는 한국에서 온 중앙전자공업사의 사장 변봉덕이라고 합니다. 귀사를 방문해서 우리 제품을 설명해드리고 싶으니 차량을 지원해주십시오."

한국이라고? 중앙전자공업사라고? 한국이라는 이름도, 중앙이라는 이름도 그들에게는 낯설었을 것이다. 전쟁으로 폐허가 된 별 볼일 없는 아시아의 나라(당시 한국을 아예 모르는 사람도 많았다), 게다가 이름도 들어본 적 없는 기업의 세일즈맨이 당당하게 차량을 보내달라는 것이 너무도 황당한 일이라 오히려 호기심을 보이는 경우도 많았다.

배짱으로 밀어붙인 나의 요청에 그들은 직원을 시켜 나를 픽업해 주곤 했다. 그 덕분에 나는 보내준 차를 타고 들어가 제품을 홍보하고 점심도 얻어먹고 그 차를 타고 다시 호텔로 돌아오곤 했다. 그만큼 경비도 절감할 수 있어서 더 많은 기업들을 만나 영업할 수 있었다.

밤이면 호텔 욕실에서 옷을 빨고 널어놓았다. 다음 날 고객을 만날 때 한 치의 흐트러짐도 없는 모습으로 나가기 위해서였다. 자세가 흐트러지면 만나기도 전에 이미 진 것이라 생각하기도 했거니와, 고객을 대할 때는 복장부터 자세에 이르기까지 모든 면에서 만전을 기해야 한다고 생각해서였다.

성공과 실패는 항상 함께 있었다. 성공이 바로 눈앞에 보이는데도 고비 하나를 못 넘겨서 놓칠 수도 있고, 실패가 바로 뒤에서 추격해 와도 숨 한 번 참으면 따돌릴 수 있기도 하다. 그곳 세계의 필드에서는 그러한 성공과 실패가 교차하는 긴장의 나날들이었다. 매 순간이 고비였고 승부였다. 그러나 그 긴장감은 바닷바람처럼 시원하고 가슴을 뜨겁게 하는 그 무엇이었다. 꿈에 대한, 생에 대한 의욕이 샘솟을 정도로 행복했던 시간이었다.

코리아를
아십니까?

해외 영업을 다니던 시절 내 가방은 유독 컸다. 직원을 동행하지 않고 혼자서 다닌 데다 한번 해외출장을 가게 되면 귀국하기까지 이 나라에서 저 나라로 돌아다니던 시절이라 가방 안에는 추운 나라에서 따뜻한 나라까지 입을 여러 계절의 옷을 준비해야 했기 때문이다. 그 외에도 서류 뭉치와 중앙의 제품 샘플이 가방에 가득했다. 가방 하나만 해도 40~50kg 정도, 때로는 70kg도 나갔는데 그런 가방을 양손에 하나씩 들고 다녔으니 해외 원정은 체력 싸움이었고, 가방에 든 나의 물건들은 소중한 무기였다.

학생 시절부터 운동을 좋아했고 혼자서 보디빌딩을 꾸준히 했던 터라 체력에는 어느 정도 자신이 있었다. 지금까지도 팔굽혀펴기를 수십 번 정도는 너끈히 할 체력과 근력을 유지하고 있을 정도니 해외 영업을 다니던 삼십대에는 에너지가 얼마나 넘쳤겠는가.

비록 아무도 알아주지 않는 아시아의 소국, 거기서도 작은 기업의 대표로 이국땅을 밟았지만 가슴을 펴고 당당할 수 있었던 데에는 체력이 뒷받침되었던 덕도 컸다. 제 아무리 맨해튼 거리가 으리으리하고 최강 미국을 상대로 물건을 파는 일이 사막에 길을 내고 황무지에 꽃을 피우는 불가능한 일처럼 보여도, 심호흡 한번 하고 주먹을 불끈 쥐며 "덤벼 봐. 내가 다 상대해주겠어!"라고 마치 눈앞에 한판 붙을 상대가 있기라도 한 것처럼 혼자서 외칠 때면 없던 자신감이 생기며 움츠려들었던 가슴도 활짝 펴지곤 했다.

여하간 오랜 세월 다져진 팔뚝으로 들고 다니던 가방에는 또 한 가지 특별한 물건이 들어 있었다. 바로 거북선과 첨성대 모형이었다. 한국을 떠나오기 전에 주문 제작해서 마련한 일종의 고객 사은품이었다. 그 무거운 가방에 굳이 거북선, 첨성대와 같은 식상한 전통 모형을 들고 다닐 필요가 있을까? 그렇게 생각하는 사람이 있을지 모르겠다. 하지만 그건 필요가 아니라 '자존심' 때문에 가져간 것이었다. 나는 물건이 아니라 나를 팔겠다. 나는 돈을 벌려는 게 아니라 나의 기업으로 한국을 알리겠다. 그것이 해외 원정에 임하는 나의 마음가짐이었기 때문이다. 돈 몇 푼 벌려고 열정을 다하는 것은 내 자존심이 허락하지 않았다. 그래서 미국에서도 고객과 대면할 때면 테이블 위에 꼭 거북선과 첨성대를 꺼내놓곤 했다.

"이건 우리 조상들이 만든 과학 발명품입니다. 우리 민족은 무려 1,300여 년 전에 날씨를 관측하는 천문시설인 첨성대를 만들었고 400년 전에는 거북선을 만들어 일본 대군을 전멸시킨 바 있죠. 그만큼 뛰어난 과학기술을 갖고 우수한 제품을 만들어낸 뛰어난 민족이었습니다."

그 말을 할 때의 뿌듯함이란!

자 첨성대와 거북선을 보십시오. 우리 코리아가 식민지배와 6·25전쟁을 겪느라 폐허가 되긴 했지만 그렇게 만만한 나라가 아니라는 것을, 우리 선조들이 이렇게 뛰어난 과학기술을 가지고 있는 우수한 민족이었다는 증거를 보십시오! 그렇게 고객들 앞에서 한국의 존재를 증명해 보이고 싶었다.

코리아를 아십니까?

고객을 대할 때마다 그런 외침이 가슴에서 울컥거렸다. 나는 거북선, 첨성대를 보여주며 인터폰을 꺼내놓았고 당당하게 제품을 설명하곤 했다. 첨성대, 거북선을 만들 정도로 우수한 과학기술 유전자를 가지고 있는 한국이기에 우리의 인터폰이 세계 최고의 품질이라고 자신 있게 말할 수 있었다. 그리고 가슴은 이렇게 말하고 있었다.

이 인터폰은 '메이드 인 코리아'요. 당신네 미국에서 만든 것보다 일본에서 제작한 것보다 더 싸고 더 우수한 인터폰, 이거 한국에서 만든 거요. 기억해두시오. 한국을 그리고 중앙이란 이름을!

꿈을 이룰 수 있는
첫 번째 조건, 도전

알렉산더가 그 넓은 영토를 차지하게 된 이유는 일단 그가 원정을 떠났기 때문이다. 자기 나라 안에만 머물러 있었다면 그는 아무것도 이루지 못했을 것이다. 콜럼버스가 신대륙을 발견한 것도 그가 목숨을 건 먼 항해를 떠났기 때문이다. 꿈을 이룰 수 있는 가장 첫 번째 조건은 도전하는 것이다. 꿈만 꾸고 아무것도 하지 않는다면 꿈을 이룰 수 없다. 도전도 하지 않았는데 무슨 성공이 있겠는가. 물론 도전하지 않으면 실패도 없겠지만 말이다. 성공과 실패는 적어도 무언가에 도전했다는 증거인 셈이다.

사람들은 가끔 내게 해외 영업 성공의 비결을 묻곤 한다. 그 대답의 첫 번째는 "도전했기 때문에 성공할 수 있었다"가 될 것이다. 또 사람들은 묻곤 한다. 고객은 어떻게 구했느냐고. 소개를 받거나 해서 계약이 성사된 것이 아니냐고. 그렇지 않다. 나의 고객은 100% 개척이었다. 해외에서 소개받고 개척한 고객은 없었다. 우선 첫발을 디뎠을 때는 양손에 커다란 가방을 들고 맨해튼 메인스트리트를 무작정 걸으며 전자상가들을 일일이 찾아 들어가 영업을 했다.

그러다가 아무래도 시간과 에너지를 너무 소진하는 것 같아 전화번호부와 지도를 하나 구해서 밤마다 호텔방에서 작전지도를 만들었다. 전화번호부에 나오는 전자 관련 상점 번호와 주소를 확인하고 지도에 표시를 해둔 것이다. 과거 군 시절 그러니까 카투사로 옮기기 전에 작전병을 맡아 진지 구축을 기획하며 전술을 짜곤 했었는데 바로 그때처럼, 진지하게 고심하며 여기저기 점을 찍어두었다가 날이 밝으면 그 점을 찍어둔 곳을 향해 쏜살같이 가방을 들고 영업을 나가곤 했다.

다행히 맨해튼 메인스트리트 쪽에 우리 인터폰에 관심을 보이는 상점들이 몇 곳 있었다. 그런데 그들은 현금거래를 원했다. 수출을 해야 하는 나로서는 현금이 아니라 신용장(letter of credit)이 필요했다. 알고보니 그들은 소매상들이었다. 전광석화처럼 그들이 어디서 인터폰을 구했을까 하는 의문이 들었다. 그래서 그들에게 도매처를 물어보았다.

"롱아일랜드나 뉴저지 쪽에 수입업자들, 무역 도매상들이 많이 있소. 우린 거기서 물건을 싸게 들여와서 파는 것이오."

내가 갈 곳은 여기가 아니라 바로 거기였다. 그래서 한달음에 달려가 전화번호부에서 롱아일랜드나 뉴저지 쪽에 있는 무역상, 도매상들을 찾아 전화를 걸기 시작했다. 호락호락하지는 않았다. 아예 통화 자체를 거부하는 곳도 있었고 귀찮아하는 이들이 부지기수였다. 앞서도 말했듯이 최고급 호텔에서 건 전화였음에도 불구하고 말이다. "30분이면 됩니다. 딱 30분만 설명할 기회를 주십시오"라고 생떼를 쓴 적도 많았다. 어렵게 기회를 얻으면 30분이 곧 1시간이 되고 또 1시간을 2시간으로 만들면서 조금씩 배팅할 수 있는 분위기를 만들었다.

물론 첫 대면부터 물건 사라는 이야기는 하지 않았다. 사전에 그 나라의 역사, 스포츠, 문화 등을 많이 공부해서 갔다. 바이어를 만나면 우선 그 나라의 역사 이야기부터 시작해서 이런저런 이야기를 하면서 그네들에 대해 칭찬해주면 동방의 작은 나라에서 온 세일즈맨이 자기네 나라에 대해 그렇게 많이 알고 있다는 점에 놀라는 동시에 칭찬에 기분이 좋아져서 마음을 열기 시작한다. 어느 정도 대화가 무르익고 나에 대한 호감도가 생겼을 때 제품 이야기를 꺼냈다.

사실 우리 제품은 가격 경쟁력이 있었다. 아직은 국내 인건비가 저렴할 때라 다른 나라의 제품보다 가격을 저렴하게 맞출 수가 있었으니까. 그런데 마지막까지 걸림돌이 된 것은 우리 제품, 그러니까 그 품질에 대한 우려였다. '검증이 안 된 나라의 물건을 덥석 샀다가 고장이라도 나면 어떻게 하나, 그런 리스크를 감수하면서까지 한국의 인터폰을 사야 하나 다른 제품을 사면 되는데?' 하는 우려부터 불식시켜야 했다.

"그런 걱정은 하지 마십시오. 한국은 작은 나라이고 우리 회사도 작은 기업이지만 품질만은 CEO인 내가 책임지고 감독하기 때문에 세계 최고라고 자부합니다. 한번 믿어보십시오. 우수한 제품을 저렴하게 잘 구했다 생각하게 되실 겁니다."

진심을 다해서 말하면 반드시 마음이 통한다. 나의 진정성에 그들도 점차 나를 믿고 물건을 보내달라며 계약서에 서명을 했다. 이처럼 아는 사람 하나 없고 거래처도 하나 없는 타국에서 내가 잡은 동아줄은 옐로우페이지(업종별 전화번호부)였다. 나는 그것을 '전화번호부 영업'이라고 부른다. 내가 그렇게 이름 붙였다기보다는 코맥스를 취재하러 온 기자들이 그렇게 말하는 것을 듣고 나 역시 그렇게 부르고 있다.

전화번호부 영업은 그야말로 맨땅에 헤딩이나 다름없는, 가본 적이 없는 미지의 땅을 하나씩 공략해 들어가는 것이었다. 1970년대 초반에 중소기업이 고유한 브랜드로 전 세계에 수출을 한 경우는 아마 우리 중앙전자공업사가 유일했다는 사실이 지금도 자부심으로 남아 있다.

각자에겐 각자의 프런티어가 있다. 누군가의 프런티어는 거대한 사막일 수도 있고 누군가의 프런티어는 작은 숲 하나일 수도 있다. 누군가는 크게 이루고 누군가는 작게 성취한다. 규모가 중요한 것이 아니다. 나의 가슴을 뜨겁게 하는 꿈이 있고 그 꿈을 향해 도전한다는 것이 중요하고 소중한 것이다.

간절한 사람이
기회를 찾는다

운칠기삼(運七技三)이라는 말이 있다. 일의 성패가 노력보다는 운에 달려 있는 게 세상의 이치라는 의미이다. 현실적으로 틀린 말은 아닐 것이다. 사업을 하다 보면 안 될 것 같던 일도 성사되고, 된다고 장담하던 일도 의외의 결과가 나오는 경우가 부지기수이니, 사람의 힘이나 판단으로는 어찌할 수 없는 영역을 그저 운칠기삼이라는 단어로 통칭할 수도 있으리라.

그러나 나는 운도 노력해야 따른다고 생각한다. 운에 따라 좌우될 것 같으면 노력이나 수고가 무슨 소용이 있겠는가. 팔십 가까운 인생을 살았고 그중 50년은 기업을 경영해온, 그러니까 보통 사람보다는 훨씬 이런저런 굴곡을 많이 경험한 사람으로서 우리네 삶이나 일을 운칠기삼이라는 말로 통칭하는 것은 너무 허무할 뿐만 아니라 진실에 가깝지도 않다고 생각한다.

기회는 사실 숨어 있다. 그것을 찾느냐 못 찾느냐는 본인 몫인데, 수많은 기회를 놓치다 보니 운이 없었다고 쉽게 생각할 수도 있다. 운이 없었다고 탓하기 전에 얼마나 노력했는지 먼저 점검해야 한다.

1970년대 해외 원정에서 큰 성공을 거둘 수 있었던 데에는 숨은 공신이 하나 있었다. 바로 우연히 발견한 잡지 한 권이었다. 맨해튼에서 시작해서 시카고, 로스앤젤레스 등을 다녔는데, 그야말로 갈 곳은 많고 몸은 하나였던지라 어느 세월에 세계를 다 돌 수 있을까, 좀 더 많은 고객을 보다 효율적으로 만날 수 있는 방법은 없을까 고심하게 되었다. 그러던 중 바이어를 만나러 갔다가 약속 시간이 남아 라운지에서 기다리는데, 문득 테이블에 놓여 있는 책자가 눈에 들어왔다. 펼쳐 보니 전자 분야 전문 잡지였는데, 세계 각국의 전자제품이 사진과 함께 소개되어 있었다. 때마침 바이어를 만났을 때 그 잡지에 대해 물었다. 최신 전자제품 정보가 많이 들어 있어서 업계에서 다들 애독하고 있다는 대답이 돌아왔다. 나는 바로 이거다, 싶었다. 알아봤더니 그 책은 국제적인 바이어스 매거진 JEI(Japan Electronics Industry)였다. 1974년 시카고의 CES(국제전자제품박람회, The International Consumer Electronics Show)에 중앙전자공업사가 한국관 출품업체로 참여했는데, 마침 JEI 측에서도 부스를 빌려 참여했기에 광고 게재를 상담하게 되었다. 얼마 후 JEI의 광고 담당자가 세운상가에 있던 우리 사무실로 찾아왔다.

"솔직히 좀 놀랐습니다. 한국 기업이 우리 잡지에 광고를 내겠다고 한 것은 처음입니다. 한국의 어떤 대기업도 광고를 신청한 적이 없었거든요. 그런데 직접 와서 보고 더 놀랐습니다. 한국 최초로 광고를 신청한 기업치고는 사업 규모가 너무 작아서 말입니다. 이렇게 조그만 회사에서 저희 잡지에 광고를 내겠다고 했다니 믿기지가 않네요."

당시 한국에서 앞서간다고 하던 삼성 같은 대기업도 모두 OEM 생산에 머물러 있던 터라 자사 브랜드 광고를 낸 적이 없었다. 그런데 이름 없는 중소기업에서 대기업도 하지 않는 광고를 하겠다고 나서니 놀랄 수밖에 없었던 것이다. 나는 웃으며 자초지종을 이야기한 후, 석 달 동안 광고를 게재하겠다고 말했다. 물론 더 오래 하고 싶었지만 아주 작은 사이즈의 광고도 상당히 고액이라서 석 달 정도로 일단 포석을 깔기로 한 것이다. 그런데 의외의 대답이 돌아왔다.

"아닙니다. 같은 가격에 6개월 게재를 해드리겠습니다."
"아니, 왜요? 그러면 잡지사 측이 손해가 아닙니까? 손해가 되는 오더를 왜 받습니까?"
"중앙 같은 작은 기업에서 우리 잡지에 광고를 한다면 틀림없이 한국의 삼성, 금성도 움직일 겁니다. 중앙도 하는데 그런 큰 기업에서 광고를 안 한다는 게 말이 됩니까? 삼성, 금성이 하면 다른 굴지의 전자회사들도 광고를 하게 될 겁니다. 그러니 손해 보는 오더는 아니지요."
"말하자면 중앙이 미끼가 되는 겁니까? 하하하."

나는 흔쾌히 광고 계약을 맺었고, 그 효과는 놀라웠다. 몇 달이 채 지나지 않아서 우리 회사에 인콰이어리(Inquiry, 발주 문의)가 쇄도하기 시작했다. 그 문의에 일일이 답장을 보내느라 날밤을 새곤 했다. 발주 문의는 실제로 계약으로 이어져서 수출 신장에도 큰 도움이 되었다. 변봉덕이라는 사람은 한 번에 한 나라밖에 영업을 뛸 수 없지만 광고는 시간과 공간을 초월해 전 세계에 중앙의 제품을 알려주는 것을 알게 되었다. 그리고 JEI의 예상대로 중앙이라는 작은 기업의 광고가 나간 후 삼성, 금성 등의 대기업에서도 광고를 시작하게 되었다.

이처럼 우연히 발견한 책자 하나가 해외 원정에 큰 힘을 실어주었다. 물론 내 두 다리로 세계를 누비며 신대륙을 개척하듯 고객을 개척한 것도 중요하다. 그런데 거기에 큰 힘을 실어주고 시너지 효과를 대폭 상승시켜준 것은 잡지의 작은 박스 광고였던 셈이다. 지금 생각해보면 당연한 것인데, 그 당시는 국내도 아닌 해외 고객을 개척할 수 있는 국제 광고가 있으리라고는 생각도 못했던 터에 우연히 발견한 잡지가 큰 기회가 되었다.

그 책을 발견한 것은 단순한 요행이 아니라고 생각한다. 나는 그 무렵 어떻게 하면 전 세계에 보다 빨리 우리 제품을 알릴 수 있을까 고심하며 방법을 모색하던 중이었고, 그런 나의 고민이 작은 책자 하나까지도 놓치지 않을 수 있는 집중력과 통찰력을 준 것이라 생각한다.

해외 원정 영업을 갔던 것은 수십 년 전의 일이고 그때만 해도 지금처럼 사회가 복잡하지 않을 때였으니 기회를 잡는 것도 쉬웠으리라 생각할 수 있다. 맞다. 그랬다. 지금보다 세상이 훨씬 수월하고 사람들 마음도 더 여유가 있어서 다가가기가 쉬웠을 수 있다. 그러나 지금은 과거에 비해 몇 배나 더 복잡해지고 다양해진 만큼 더 많은 기회가 숨어 있다고 생각할 수도 있지 않을까.

기회는 도처에 있다. 어느 구름 뒤에 해가 숨었는지 모르듯이,

기회가 어디에 숨어 있는지 알기가 힘들 뿐이다. 그것을 발견하는 것을 그저 운이라 치부한다면 영원히 기회를 잡을 길이 요원해질 뿐이다. 기회를 찾아낼 수 있는 집중력과 통찰력이 필요하다. 어리석을 정도로 우직하게 밀어붙이는 우공이산(愚公移山)의 정신까지는 아니더라도 적어도 일의 성패를 운칠기삼에 맡긴 채 기회를 흘려보내는 우를 범하지는 말아야겠다.

작은 강이 모여
바다를 이루듯이

|

　미국의 맨해튼, 시카고, 로스앤젤레스 등에 이어 영국의 런던, 맨체스터 등을 거쳐 독일의 프랑크푸르트, 프랑스의 파리, 러시아 등 유럽을 돌고 계속 남하하여 터키, 사우디아라비아, 아시아로 건너와 말레이시아, 인도네시아, 필리핀, 태국, 홍콩, 다시 일본까지! 수년 동안 해외 원정이 이어졌다. 일이라기보다는 여행처럼 즐겁고 설레는 맘이 컸던 것 같다. 여행처럼 여긴다고 해서 관광을 즐기거나 술을 즐긴 것은 아니었다. 일을 여행처럼 즐긴 것 같다. 아들 우석이도 "아버지는 해외 출장을 일이 아니라 여행처럼 여기시는 것 같다"고 종종 주변 사람들에게 말하곤 한다.

　아이들이 자랄 때 늘 바빠서 많은 시간을 함께 보내지는 못했지만 밥상머리 앞에서 내가 세계에 나가 보고 들은 것들을 이야기해주곤 했다. "우석아, 세계가 어떤지 아니?" 이렇게 운을 떼면 이야기는 끝도 없이 이어졌다. 물론 급히 공장에 나가봐야 하는 날이 많았기에 오래도록 이야기를 할 수는 없었지만 마음만큼은 오래도록 세계의 이야기를 들려주고 싶었다. 이야기하는 사람만 더 흥이 나고 아이는 아직 철없이 흘러들곤 했지만, 봄날에 보슬보슬 내리는 비가 어느새 대지를 다 적시듯이 나의 꿈이 그렇게 소리 없이 그러나 힘 있게 전해졌다고 생각한다.

해외에서 일을 수주해서 들어오면 공장은 풀가동에 들어갔다. 직원들은 새벽별 보고 출근해서 밤별을 보고 퇴근한다고들 했다. 단순히 물량을 맞추는 것만 중요한 게 아니었다. "나 한번 믿어달라!"고 밀어붙여서 딴 계약인 만큼 품질로 그 약속을 지켜야 했으니 말이다. 품질 테스트를 더욱 강화하고 세심한 과정 하나하나까지 확인하면서 제품을 만들었다. 바이어들은 "보통 외국 제품을 수입하면 불량률이 5% 미만이면 선방인데 코맥스 것은 1% 미만"이라며 놀라워들 했다.

가장이 일을 나가면 주부가 살림을 잘 꾸려야 가정이 든든하게 자리가 잡히듯이, 내가 영업과 수출을 위해 해외를 드나드는 동안 회사를 든든하게 지켜준 직원들이 있었기에 코맥스가 성장할 수 있었다. 그들은 직원이자 오너였고 가족이었다.

국내 영업은 대리점을 통해 네트워크를 다졌던 터라 대리점 경기도 중요했다. 그래서 해외 일정으로 바쁜 중에도 국내에 들어올 때면 대리점 사장들과 만나는 자리를 자주 만들려고 노력했다(아무리 수출이 잘되어도 국내가 무너지면 근간이 되는 터전을 잃는 셈이 되지 않겠는가). 한번은 대리점 사장들과 만난 자리에서 전라도 광주 대리점 김 사장이 했던 말이 나를 감동시키기도 했다.

"사장님 저는 말입니다. 인터폰 사업을 하기 위해서 법학 공부를 포기했습니다. 친구들이 저더러 인터폰에 미쳤다고들 합니다. 제가 생각해도 전 인터폰에 미쳤습니다."

진정한 공명(共鳴)이란 이런 것일까. 마치 내 속에 들어갔다 나온 사람처럼 내 생각과 똑같이 말하는 사람을 보니, 초록이 동색을 만난 것인 양, 참으로 감격스러웠다. 그래서 나도 모르게 친동생처럼 덥석 끌어안으며 말했다.

"나와 똑같은 생각을 가진 사람은 처음 만났어. 자네 말이 맞아. 장사꾼이 되려면 장사에 미쳐야 하는 거네. 그래야 성공하는 거야."

미친 듯이 돈을 벌라는 뜻이 아니었다. 자기가 하는 일에, 자기가 꿈꾸는 일에 미치자는 것이었다. 영업이면 영업, 마케팅이면 마케팅. 자기 일에 제대로 집중한 사람은 불평을 늘어놓을 새가 없다. 무언가를 해보지도 않고 불평부터 한다면 아무것도 제대로 이루지 못할 것이다.

1970년대에서 1980년대에 이르는 급격한 수출 증가는 우리 코맥스의 기업 경쟁력에 결정적인 기여를 했다. 이러한 중앙전자공업사의 눈부신 성장은 보이는 곳에서든 보이지 않는 곳에서든 묵묵히 자신의 길에 열정을 다한 이들이 있었기에 가능한 일이었다. 나 혼자만의 열정으로 어디까지 갈 수 있었을까? 세계를 열 바퀴 돈다고 한들 그것은 한 사람 몫의 성공일 뿐이다.

그러나 함께하는 이들이 있었기에 우리의 열정은 더 큰 성과를 낼 수 있었다. 작은 시냇물이 모여 강줄기를 이루고 강줄기가 흘러 들어가 큰 바다를 이루듯이 그렇게 우리는 하나로 이어져 있었고 한 방향으로 함께 흘러갔다. 어린 시절 바다를 꿈꾸던 나는 나 혼자가 아닌 여러 사람과 함께하는 기업을 일구고 그 기업을 세계 무대에 당당히 설 수 있도록 성장시키면서 더 멋진 꿈을 키워갈 수 있었다.

앞으로 나아가지 않으면
생존할 수 없다

무릇 사람이나 사업이나 때가 맞아야 한다. 같은 사람이라도 언제 만나느냐에 따라 좋은 인연을 맺기도 하고, 같은 사업이라도 때에 따라 잘되기도 하고 망하기도 하는 법이다. 때가 무르익어야 승산도 커진다. 중국 천진 공장이 그랬다.

처음 중국에 진출할 생각을 한 것은 서울 올림픽이 열리던 1988년 무렵이었다. 나뿐만 아니라 기업하는 사람이라면 특히 제조 분야의 경영인이라면 누구나 중국 진출을 모색해보던 때였다. 중국이 저렴한 인건비와 생산 비용 등을 무기로 내세우며 세계의 공장으로 떠오르고 있는 반면 한국 경제는 고비용 저효율의 침체로 접어들고 있던 시기였다. 코맥스 또한 대부분의 제품을 유럽 및 미주 지역을 대상으로 수출하고 있던 터라 국내의 비싼 인건비, 물가 상승, 수출국의 무역장벽 등 여러 장애에 부딪쳐 가격 경쟁력을 점차 상실하고 있어서 새로운 시장 확보가 절실하게 필요한 상황이었다. 이러한 정황 속에서 중국이 눈에 들어온 것은 당연한 일이었다.

문제는 언제 진출할 것인지, 그 '때'를 판단하는 일이었다. 1988

년 서울 올림픽이 막 끝났을 때 처음 중국에 가보았다. 전자공업사절단으로 홍콩을 거쳐 중국으로 들어갔는데 북경, 청도, 심천 등을 돌아보면서 말로만 듣던 중국의 현황을 직접 눈으로 보고나자 아직은 시기상조라는 판단이 들었다. 공산주의 국가의 냄새가 여전히 강하게 배어 있어서 공무원들은 완장을 찬 감독관들처럼 잔뜩 힘을 주고 다녔고, 제조 인력들도 일천했으며, 아직 시장이 제대로 형성되어 있지 않았다. 물론 인건비만큼은 한국과 비교할 수 없을 정도로 저렴했지만 말이다.

그때 통역을 맡은 사람은 조선족 여성이었다. 중국의 기름기 많은 음식에 질린 우리 일행은 한국 음식이 그리워서 그 여성의 집에서 밥 한 끼를 얻어먹고 밥값을 후하게 쳐주기도 했다. 그 여성의 남편은 대학을 졸업하고 좋은 직장에 다니고 있어서 나름 엘리트 부부였는데, 그럼에도 불구하고 양철지붕으로 된 집은 옹색하기 이를 데 없었다. 우리 일행 10명이 된장 고추장에 비벼 먹은 식사에 대한 답례로 조금씩 돈을 모아 1,000달러를 건네자, 여성은 화들짝 놀라며 처음엔 받지 않으려 했다.

"아니 된장 고추장밖에 못 드렸는데 이렇게 많이 주십니까?"

당시 그 돈이 중국에서는 3년치 봉급을 한꺼번에 받은 거나 마찬가지라고 해서 우리가 더 놀랐다.

중국의 가능성을 본 나는 때가 무르익기까지 기다리기로 했다. 사실 도중에 인도네시아도 염두에 두고 답사를 가보았지만 기후가 너무 덥고 살기가 어려워서 현지 공장을 짓기에는 중국만 못하다고 판단했다. 그래서 5년을 기다렸다가 1993년 6월에 다시 중국을 방문했다.

다시 찾은 중국은 완전히 달라져 있었다. 이전에 봤던 중국이 아니었다. 우선 공무원들의 태도부터가 완전히 바뀌어 있었다. 우리 일행은 몇몇 공장 후보지를 돌아보는 일정 중에 천진시 무청현이라는 곳에 들렀는데, 마침 토요일 오후라서 관련 공무원들이 다들 퇴근 준비를 하고 있었다. 그러나 "공장 투자를 위해 한국에서 오셨다"라고 조선족 통역원이 소개하자 담당 공무원들은 퇴근을 하려다 말고 자료를 챙겨 우리를 정중하게 맞이했다. 그뿐만 아니라 투자 유치에 대한 인센티브 제도, 인건비 문제, 노동 조건 등을 상세히 브리핑해 주기도 했다. 그리고 여러 곳에 전화를 걸어서 공단 관리사무소 관계자, 지역 관계자들을 모두 소집시켰다. 전화를 하는 측도 전화를 받고 달려오는 측도 전혀 귀찮아하는 기색은 없었다. 그렇게 소집된 사람들이 3일 동안 우리에게 지역 일대를 안내해 주었다. 한국에서는 상상도 못할 그들의 적극적인 자세에 감동을 받았다.

인근의 땅을 돌아 보니 빈 공장들도 많았고, 전혀 개발이 안 된 지역이 많았다. 토끼가 뛰어놀고 뱀이나 두더지가 출몰하는 부지라니. 그야말로 미개척의 땅이었다. 진흙에 바지를 적시고 구두가 벗겨지기도 했다. 그러나 진흙더미 가운데서도 꿈을 그렸다. 현지 공무원들의 기업 유치에 대한 적극적인 자세와 미개척지의 가능성을 보면서 투자 쪽으로 가닥을 잡았다.

곧바로 현지에 직원을 급파했다. 이상노 전무를 비롯한 우리 직원 일행은 협력업체를 물색하고 아웃소싱과 부품생산 공장, 부품가격 조사 등을 추진하면서 중국 투자의 기틀을 잡기 시작했다. 현지에서 미개척지를 개척하느라 고생을 많이 했지만 그들의 땀방울이 중국 공장의 밑거름이 되어 오늘날까지 이어졌다고 믿는다.

중국 투자 과정에서 지금까지도 기억에 선명한 것은 상술했듯이 현지 공무원들의 적극적인 태도였다. 공장을 설계하고 건설하는 과정에서도 공무원들의 신속한 업무 처리가 눈길을 끌었다. 공공기관도 목수들도 설계자들도 모두 이렇게 말하는 것 같았다.

"다 알아서 해드리겠습니다. 그것도 저렴한 비용으로!"

한국만 해도 보통 규격이나 제도가 정해져 있어서 그것들을 다 맞춰서 하느라 허가받기도 힘들고 시간도 오래 걸린다. 그러나 그네들은 반대였다. 기업이 원하는 것은 뭐든지 다 해주었다. 제도에 투자 상황을 맞추는 게 아니라 투자에 필요하면 없던 법이나 제도를 만들어낼 정도였다. 그만큼 기업 유치와 경제 성장에 대해 열정을 가지고 있는 것을 보니 곧 그들이 경제대국으로 올라설 거라는 것을 직감할 수 있었다. 중국 사회는 막 세상에 눈뜬 아이처럼 역동적으로 움직이고 있었다. 여러 가지 문제도 많았지만 그보다는 발전 가능성과 엄청난 에너지를 더 많이 가지고 있는 나라였다.

중국의 천진 공장은 코맥스로서는 창업 이래 최초의 해외 투자 진출이자 현지 법인 설립의 첫발을 뗀 사례였다. 미국 맨해튼에서 시작해서 유럽, 아시아를 거쳐 중국 현지 법인까지 돌며 코맥스의 깃발을 세계 곳곳에 세우는 동안 세월이 흘러 2018년이 되었다. 큼지막한 가방 두 개 들고 보따리 장사하듯 미국 거리를 다니며 인터폰을 팔아야 했던 코맥스도 이젠 나름대로 세계시장에서 자리를 잡았다. 처음에는 모든 땅이 다 미개척지였지만 어느새 지금은 세계 200여 개국에 코맥스의 제품을 수출하는 글로벌 기업이 되었다.

나는 종종 내 집무실 한쪽 벽을 가득 채우고 있는 세계지도를 본다. 대한민국 그 작은 점에서 시작해서 오대양을 건너 육대주를 한 바퀴 다 돌아 이렇게 지금, 여기에 서 있다. 그러나 여전히 우리 앞에는 미개척지가 펼쳐져 있다. 그것은 한 나라일 수도 있고 새로운 기술일 수도 있다. 중요한 것은 끊임없이 프런티어 정신을 품고 앞으로 나아가지 않는 기업은 생존할 수 없다는 점을 깨닫는 것이다. 코맥스가 50년이라는 세월 속에서 살아남아 명문 기업이 될 수 있었던 것은 뜨거운 프런티어 정신이 있었기 때문이다. 나는 언젠가 코맥스에서 물러나겠지만 그러한 프런티어 정신만큼은 영원히 코맥스에서 이어지기를 진심으로 바란다.

3부

위기 경영

바람이 불면
풍차를 돌려라

우린 한 배를 타고 있었고,
그 배는 커다란 풍랑을 만나
휘청거리고 있었다.
한마음이 되지 않고서는 풍랑 속에
난파될지도 모른다는 위기감이
우리를 더욱 하나로 결속시켜주었다.

바람이 불면 풍차를 돌려라.

어떤 이에게 바람은 피하고 싶은 시련이지만

어떤 이에게 바람은 풍차를 돌리는 동력이 되어

더 좋은 세상을 만들어간다.

위기를 만나면 혁신을 시작하라.

어떤 이는 위기 가운데 침몰하지만

어떤 이는 위기 가운데 자신을 혁신하고

더 강한 거목으로 성장한다.

전량 리콜로
도약의 기회를 얻다

|

한 길을 우직하게 가다 보니 상을 받을 일이 종종 생긴다. 내가 내 사업을 일군 것뿐인데 상까지 받으니 감사한 일이다. 그런데 여러 수상 중에서도 가장 자랑스럽고 귀하게 여기는 것이 바로 명문장수기업 선정과 금탑산업훈장을 받은 일이다.

코맥스가 제1호 명문장수기업으로 선정된 것은 지난 2017년 2월이다. 명문장수기업은 중소벤처기업부(전 중소기업청)와 중소기업중앙회가 45년 이상 건실하게 운영된 기업 가운데 사회에 기여하고 세대를 이어 지속성장이 기대되는 기업이라고 인정한 증거이다. 또 금탑산업훈장은 한국전자정보통신산업진흥회에서 포상하는 것으로 오래전 전자정보통신기기 불모지였던 국내에서 토종기술을 개발하여 세계시장을 개척하고, 코맥스를 글로벌 강소기업으로 성장시킨 공로를 인정해준 것이다. 반세기 동안 기업의 경쟁력을 잃지 않았다는 것은 얼마나 귀하고 자랑스러운 일인지 모른다.

이런 수상 경력 때문에 어떤 사람들은 코맥스가 그동안 큰 위기 없이 순조롭게 성장해온 줄로 알고 있지만 실은 그렇지 않다. 코맥스 역시 다른 기업들과 마찬가지로 수많은 고비를 넘기며 성장했다.

창업 초기 때의 일이다. 앞서도 잠깐 이야기한 바 있듯이 지인들에게 큰 빚을 지면서까지 힘들게 도어폰을 개발했지만 시장에서 철저히 외면당하자 직원들도 하나둘 떠나가고 침체에 빠진 적이 있었다. 실의에 빠진 나머지 한때 자살까지 시도하려 했다가 마음을 다잡고 남산에서 내려와 다시 도어폰 시장에 뛰어들었을 때였다.

하늘이 도왔는지, 판매가 이뤄지기 시작하더니 주문이 끊이지 않고 밀려드는 것이었다. 더 바랄 것이 없다고 생각했는데 뜻밖의 사고가 터졌다. 불량 신고가 주문보다 더 밀려들기 시작한 것이다. 사무실에서는 불량 신고 전화벨 소리가 요란스럽게 계속 울려대고 심지어 설치 기사가 고객의 집에 도어폰을 설치해주고 채 사무실에 도착하기도 전에 "작동이 안 된다!"며 불량 신고가 들어오는 경우도 있었다.

2개월 동안 생산한 제품이 모두 불량이었다. 도대체 무엇이 잘못된 것일까? 알아보니 새롭게 교체한 스위치 부품이 문제였다. 고객들의 원성이 대단했다. 쌍욕을 해대거나 삿대질을 하는 사람도 있었고 심지어 양동이를 들고 와서 물세례를 퍼붓는 일도 있었다. 모욕은 얼마든지 견딜 수 있었다. 그러나 어떻게 잡은 기회인데, 사생결단으로 다시 만든 도어폰 제품이 전량 다 불량이라니. 그 현실 앞에서 쓰디쓴 절망에 빠지지 않을 수 없었다. 그러나 나는 결단을 내렸다. 손해를 감수하고서라도 전량을 다 교체해주기로 했다.

"전량 교체해드립시다."

나의 결단에 반대하는 직원도 있었다. 2개월 동안 생산한 제품을 전량 교체해주면 손실 규모가 커져서 회사가 문을 닫아야 한다며 다들 만류했다. 사실 틀린 말은 아니었다. 하루 벌어 하루 먹고 사는 상황에서 두 달치 생산 물량을 다 교체해주면 어떻게 버틸 수 있겠는가.

그러나 무엇보다 고객과의 신뢰가 가장 중요한데, 당장 눈앞의 이익 때문에 신뢰를 잃을 수는 없었다. 나는 일일이 고객의 가정에 방문해서 불량으로 불편을 끼친 점에 대해 진심으로 사과드리고, 도어폰을 모두 새 제품으로 교체하는 전량 리콜로 승부수를 띄우려고 했다.

"진심으로 사과드립니다. 새로운 제품을 다시 설치해드리겠습니다. 정말 죄송합니다!"

그때만 해도 서른 줄의 혈기왕성한 때였고 학생 시절에는 주먹깨나 쓰는 녀석들과 명동 거리도 활보했으며 대학에서는 학생회장을 맡아 4·19 운동을 주도했던 나였다. 나름 나 자신에 대한 자부심도 강하고 자존심도 세서 어찌 보면 삿대질에 쌍욕을 듣는 일을 참아내기가 쉽지만은 않았다. 그러나 '나'라는 사람이 성난 고객 앞에서는 무슨 소용이랴. 고객을 만족시키지 못했다면, 불량 제품으로 인해 고객이 피해를 보았다면 그저 죄송할 따름이다. 나는 물세례를 받고도 허리를 굽혀 죄송하다는 말만 연신 드렸다. 그리고 그런 고객에게도 절대 허술히 하지 않고 오히려 더 철저하게 새 제품으로 교체했고, 설치 이후에도 작동이 제대로 되는지 또 다른 문제점은 발생하지 않았는지 꼼꼼하게 살폈다. 마음 한구석에는 전량 교체에 따른 손실로 회사가 망할지도 모른다는 참담한 심정이었지만, 내가 판매한 제품에 대해서는 내가 끝까지 책임을 져야 한다고 생각했다.

손해를 감수하고 추진한 전량 리콜과 회사 도산의 위기! 그러나 그것은 위기가 아니라 기회가 되었다. 온갖 모욕을 겸허하게 받아들이며 새 제품으로 교체한 후 제품 사용법이라든가 궁금한 점들에 대해 상세하게 설명하며 지속적인 관심을 기울이자 고객들의 마음이 돌아오기 시작했다. 그렇게 생긴 기업 이미지와 고객 신뢰는 깊게 뿌리내렸다.

1970년대 초였으니 사실 소비자들이나 업계에서 '리콜'이란 단어조차 잘 사용하지 않을 때였고, 사용한다고 해도 그 뜻을 제대로 이해 못하는 사람이 많았을 정도로 생소한 단어였다. 그러나 코맥스는 변변한 애프터서비스나 리콜 제도에 대한 개념조차 없던 그 시절에 전량 무상 교체를 통해 고객으로부터 신뢰를 얻으며 긍정적인 기업 이미지를 분명하게 각인시킬 수 있었다.

코맥스의 우수한 품질은 하루아침에 저절로 이뤄진 것이 아니다. 숱한 위기를 겪으며 이뤄낸 품질 향상과 기술혁신을 통해 얻은 결과이다. 위기는 두려워할 필요가 없다. 그것을 잘 활용하면 오히려 위기 이전보다 모든 상황이 더 좋아질 수 있다.

IP 전략에
눈을 뜨다

|

　1980년대 초반이었다. 지금이야 특허니 상표권이니 하는 말이 익숙해져서 기업에서 반드시 IP(Intellectual Property, 지식재산권) 전략을 세우곤 하지만 당시만 해도 그런 부분에 대한 인식이 한참 부족할 때였다. 어느 날 외근을 마치고 들어와 보니 직원들이 경찰에 연행된 게 아닌가. 무슨 일인가 싶어 부랴부랴 달려갔더니 우리 회사가 '팔금공업'이라는 회사의 특허권을 침해해서 경찰이 회사에 들이닥쳐 조사를 하고 관련 직원들을 연행한 것이었다. 당시 인터폰이나 전화기를 만들려면 송수화기 연결 줄로 스파이럴 코드(spyral cord) 일명 나선형 코드를 사용할 수밖에 없었다. 이 코드는 나선형으로 말려 있어서 감았다가 풀면 텐션이 생기면서 늘어나는 특성이 있었는데, 그런 특성을 지닌 코드가 특허출원이 되어 있는 줄 모르고 사용했던 것이 화근이었다. 경찰에서는 「특허법」을 위반하면 형사 처분을 받게 된다고 으름장을 놓았다. 그러나 나는 어처구니가 없었다.

　"아니 그게 말이 됩니까? 그 부품 기술은 전 세계에 이미 다 알려진 것인데 무슨 특허권 침해입니까? 이건 부당합니다. 오히려 저희 쪽에서 특허무효소송을 걸겠소."

며칠 동안 경찰서를 오가면서 실랑이를 벌였다. 내가 이치를 따지면서 특허무효소송까지 거론하자 나중에는 팔금공업에서 화해를 하자고 제안해왔다. 자기네 제품을 계속 써준다고 약속하면 화해 조서를 써서 풀어주겠다는 거였다. 억울했지만 계속 회사를 비울 수도 없고 일단 직원들을 데려온 뒤에 대책을 마련해야겠다는 생각에 합의를 해주었다. 그러나 거기서 물러설 수는 없었다. 누구에게나 알려진 기술을 놓고 특허 등록을 통해 부당이득을 취하고 있었으니 말이다. 계속해서 나는 권리를 주장했는데, 팔금공업에서는 대응할 근거가 없어서였는지 어느샌가 회사를 팔아버리고는 종적을 감췄다. 그리고 나선형 코드에 대한 특허 기간 또한 만료되면서 중앙전자에서 직접 제작해서 사용할 수 있게 되었다.

그 외에도 이런저런 특허 분쟁에 휘말리곤 했다. 1973년 우리나라 최초로 인터폰 수출을 시작했던 코맥스는 해외 진출이 빨랐던 만큼 해외에서도 특허 분쟁의 위기를 일찌감치 겪었다. 터키, 인도네시아, 멕시코, 호주, 중국 등 각국에서 이런저런 분쟁이 있었다. 지금도 기억에 생생한 일은 터키에 갔을 때 전자상가에서 판매되고 있는 인터폰 대부분이 우리 제품이던 광경이다. 우리 것을 그대로 카피해서 팔고 있었던 것이다. 코맥스(COMMAX)라는 이름에서 알파벳 하나를 빼서 비슷하게 사용하는 제품도 있었고 심지어 아예 똑같은 알파벳을 그대로 사용하는 제품도 있었다. 그런 터키에서 특허 소송을 통해 모방품들을 정리하자 코맥스에 대한 기업 이미지가 상승했다.

특히 인도네시아에서의 특허 분쟁이 기억에 많이 남는다. 당시 인도네시아에 있는 우리 에이전트는 물건이 모자라서 못 팔 정도로 호황을 누렸다. 그러다 보니 우리 상표를 도용하는 일이 발생한 모양이었다. 1988년 7월에 우리 회사는 인도네시아에서 상표를 출원했는데 그 과정에서 같은 이름의 상표가 이미 선출원되어 있다는 것을 알게 됐다. '악의에 의한 등록'이었다. 그런데 알고 보니 우리 상표를 도용한 업체가 한국 업체였다. 그것도 우리 회사에서 일하다 나간 직원이 인도네시아에 가서 소규모 회사를 차리고는 COMMAX라는 상표를 먼저 등록해서 판매하고 있었다. 참담한 심정이었다. 같은 한국 업체끼리 해외에서 서로 돕지는 못할 망정 우리 회사 것을 도용하다니, 그것도 중앙전자에서 일하다 나간 직원의 소행이라니! 사실 도용은 아는 사람이 하는 경우가 많다. 전혀 알지 못하는 기술이나 상표를 도용하는 것은 쉽지 않은 일이니 말이다.

인도네시아 관련법에 의하면 중앙전자가 먼저 COMMAX라는 상표를 사용했다는 것을 증명할 수 있으면 선출원을 무효화시킬 수 있었다. 인도네시아에서 지루한 재판이 2년 가까이 계속되었다. 점점 불리한 상황이 되어가자 그쪽에서는 슬금슬금 뒷걸음질 치기 시작했다. 그래서 나는 그를 용서하고 감싸 안기로 했다. 우리 제품을 누구보다 잘 알고 그 시장성을 제대로 파악하고 있는 그를 오히려 코맥스의 일꾼으로 삼기로 한 것이다.

"여하튼 우리 상품을 널리 알리고 우리 상표에 대해 애착을 가져줘서 고맙소. 이왕 이렇게 된 거 중앙전자의 인도네시아 에이전트를 당신이 맡아주지 않겠소? 우리 상표를 그토록 아끼는 사람이라면 틀림없이 잘해줄 거라 믿소."

선등록된 상표권은 법적 절차에 따라 무효화시켰고, 한때 상표를 도용했던 그 사람은 인도네시아에서 우리 상품을 홍보하는 열렬한 후원자이자 판매자가 되었다. 비록 우여곡절을 겪긴 했지만 원만한 해결을 볼 수 있어서 다행이었다.

여러 번의 특허 분쟁을 겪으면서 나는 특허 및 지식재산권에 대해 눈을 떴다. 분쟁에 휘말릴 때마다 전문가들과 상담도 많이 하고 직접 특허에 대해 조사하고 공부하느라 반 전문가가 다 되었다. 그런데 지식재산권에 대한 지식을 쌓은 것도 중요하지만 더 중요한 것은 지식재산권에 대해 진지하게 생각하게 만든 계기가 되었다는 점이다. 앞으로의 시대는 지식재산권 분쟁에 대응하지 않고서는 살아남을 수 없다는 확실한 인식을 갖게 된 것이다. 만약 이런저런 분쟁을 일찌감치 겪지 않았다면 오히려 지식재산권에 대한 대비가 늦어져 기업 성장에 발목을 잡혔을지도 모를 일이다.

때로는
울 수도 없다

|

    지난 2008년 글로벌 금융위기 당시 환율이 폭등하자 통화옵션 상품인 키코(KIKO)에 가입했던 중소기업들이 줄도산했던 적이 있었다. 코맥스도 직격탄을 맞았다. 2000년에 코스닥에 상장하는 등 성장가도를 달린 코맥스가 2008년 키코 사태로 막대한 손실을 입게 된 것이다.

    '키코(KIKO, Knock In Knock Out)'란 환율이 일정 범위 안에서 변동할 경우, 미리 약정한 환율에 약정금액을 팔 수 있도록 한 환헤지 파생 상품인데, 환율의 등락 폭이 큰 시기에는 손실의 위험도 커진다는 맹점이 있었다. 이런 문제 때문에 당시 미국에서는 이미 그 판매를 금지한 상품인데, 국내 금융권에서는 오히려 중소기업들에게 권유하여 상당히 많은 기업들이 사들였다. 그런데 금융위기로 환율이 폭등하자 결국 사고가 터진 것이다. 그것은 금융 분야의 불량상품 사건과 같은 것이었다.

    사고가 터지자 은행 측 지점장, 여신, 채권 담당자들이 회사로 몰려왔다. 수백억이 왔다 갔다 하는 긴박한 상황이니 모두들 제정신이 아니었다. 그런데 모 은행 담당자가 막말을 해가며 언성을 높였다. 채무를 어떻게 할 것이냐는 독촉이었다. 수십 년 동안 거래를 해오던 은행인데 회사 상황이 안 좋아졌다고 일순간에 태도를 바꾸고 막말을 하는 걸 보니 묵묵히 참고만 있을 수 없었다.

"여보쇼, 당신 말이야. 왜 그렇게 함부로 말을 하나. 내 수십 년 거래하는 동안 이자 한 번 밀린 적이 없소. 우리가 당신네 고객이 아니오? 여기 있는 사람이 무슨 죄인이라도 되오? 문제가 있는 상품을 팔아놓고 그 책임을 왜 고객에게만 돌리오?"

나는 나의 고객에게 제품을 팔았을 때 불량이 발생하면 전량 리콜을 해주었다. 혹시 고객이 겪는 불편이 있는지 가정마다 방문하여 제품을 사후 점검해드리기도 했다. 고객 만족을 넘어 고객 감동을 실현하려 노력한 것이다. 그런데 금융은 상품을 사들인 고객이 책임을 감당해야 했다. 상품 가입을 권유받을 때는 "큰 리스크는 없을 것이다"라고 했지만 막상 키코 사태가 터지자 입장을 달리했다. 그러나 달리 대안은 없었다. 그 돈은 다 내가 책임져야 할 몫이었다. 책임이라는 단어는 얼마나 혹독한가.

"걱정 마시오. 걱정 말고 조금만 기다리시오. 그 돈 내 갚으리다. 다 갚으면 될 것 아니오?"

그것이 책임이었다. 잘잘못을 따지고 가리는 것보다 더 중요한 것은 벌어진 일에 대해 책임을 지는 것. 비록 그것이 나로 인해 발생한 상황이 아니라 할지라도 내가 감당해야 하는 몫이라면 기꺼이 끌어안고 가야 하는 것. 그것이 경영자이고 그것이 오너였다.

나는 그날 밤 아니 그 후로도 오랫동안 불면의 밤을 보내야 했다. 자정 넘어 밤이 깊을 때 거실에 홀로 앉아 어둠을 응시하고 새벽이 다 되도록 미동도 않고 앉아 있을 때가 많았다. 피해액이 무려 수백억. 그것을 언제 다 갚는단 말인가.

그럴 때면 나는 절대 고독과 마주했다. 전쟁 통에 가족들을 이끌고 피난을 떠나는 가장의 심정이 그러할까. 그 옛날. 북녘의 고향 땅이 공산화되고 38선이 그어졌을 때 어떻게든 가족들을 데리고 월남을 하기 위해 애쓰다가 화병으로 돌아가신 아버지 생각도 났다. 그때 아버지 심정이 이러했을까. 공산당의 총칼 아래 언제 어떻게 가족이 희생당할지도 모르는 상황에서 가족들을 탈출시키기 위해 아버지는 그 책임의 중압감을 어떻게 견디셨을까. 누군가를 책임져야 하는 사람만이 지고 가는 십자가 같은 것이 바로 이 절대 고독이다.

그 고독 속에서 나는 생각했다. 걱정이 아니라 '생각'이었다. 이 위기를 어떻게 극복할 것인가 생각하고 또 생각했다. 염려가 아니라 돌파구를 향한 고뇌였다. 해결 방법을 찾는 것은 경영자의 몫이었다.

코맥스라는 큰 배. 평생을 다 바쳐 일궈온 이 배가 깊은 바닷속으로 침몰하고 있다는 느낌마저 들었다. 그러나 두려움 따위에 휘둘리면 안 됐다. 나는 코맥스의 선장이고 내가 무너지면 모두가 무너지는 것이었다. 하늘이 무너지고 땅이 꺼지는 일은 있어도 내가 무너지는 일은 없어야 했다.

지그시 눈을 감았다. 폐부 깊숙이에서 한숨이 올라와 입 밖으로 터져 나오려 했다. 그러나 한숨마저 경계해야 할 일이었다. 나는 긍정의 에너지다. 아니 나는 긍정의 에너지가 되어야 한다! 나는 코맥스의 경영자니까. 코맥스는 긍정이다. 코맥스는 희망이다. 고로 나는 다시 일어선다.

키코(KIKO, Knock In Knock Out)

환율이 일정 범위 안에서 변동할 경우, 미리 약정한 환율에 약정금액을 팔 수 있도록 한 파생금융상품이다. 환율이 하한과 상한 사이에서 변동한다면 기업에게 유리한 상품이지만, 환율의 등락 폭이 큰 시기에는 손실의 위험도 커질 수 있다. 많은 수출 중소기업이 은행 권유로 2007년 말부터 2008년 초 집중적으로 가입했는데, 2008년 달러 환율이 10% 이상 급등하면서 키코에 가입한 중소기업들은 막대한 손실을 입었다. (출처: 네이버 지식백과)

서로 믿을 때
위기를 이긴다

키코 사태의 먹구름이 끼기 시작한 것은 2008년 무렵이었다. 당시 이명박 정부에서는 수출 진작을 위해 고환율 정책을 펼쳤고, 원화 가치를 절하하고 달러 가치를 절상시킴으로써 가격 경쟁력을 확보하고자 했다. 그러던 차에 2008년 전 세계에 금융위기가 닥치자 달러 가치가 급상승하기 시작해서 이전에는 1달러에 1,000원도 채 안되던 것이 급기야 2,000원까지 치솟았다.

키코 상품은 원래 계약 시 약정했던 금액과의 차액을 정산해서 은행과 기업이 주고받는 것인데, 환율이 올라가면 은행에 기업이 정산을 해서 내고 환율이 내려가면 그 반대의 상황이 된다. 그런데 환율이 계속 급등을 하니, 키코 상품에 가입한 중소기업들이 막대한 손실을 입게 되는 것은 자명한 이치였다.

더구나 당시에는 회사 내에 환율 전문가를 두지 않던 때인 데다 업계나 금융계에서는 대체로 환율이 일시적으로 급등하다가 곧 안정이 될 거라는 긍정적인 전망을 하고 있었다. 은행도 처음에는 환율이 안정되겠거니 하고 관망하고 있다가 시간이 지나도 환율이 안정

될 기미가 보이지 않자 기업을 상대로 회수에 나서게 되었다.

키코 사태로 벌어진 금융 대금을 처음엔 회사 자산들을 하나씩 매각하면서 해결하려고 했다. 팔 수 있는 것은 다 팔았다. 그러나 그것은 계란으로 바위 치기였다. 키코 사태 전 63~64%에 불과하던 회사 부채 비율은 순식간에 500%까지 뛰었고, 키코로 인한 손실 규모가 눈덩이처럼 불어나서 어느새 거대한 파도가 되어 우리를 덮쳐 왔다.

"600억이라고?"

손실 규모가 처음에는 뚜렷하게 윤곽이 나오지 않았는데 이런저런 분석을 통해 이자를 포함해서 약 600억 원 규모라는 것이 밝혀졌다. 600억이라니! 매출액 980억 원 규모의 기업에서 600억 원 규모의 부채가 순식간에 생긴 것이다. 객관적으로 볼 때 그것은 곧 파산을 의미하는 수치였다. 그러나 객관은 의미가 없었다. 우리에게 이겨내고자 하는 의지가 있느냐가 중요할 뿐이었다. 이 파도를 어떻게 넘을 것인가. 국지적인 대책으로는 이 위기를 넘을 수 없다는 것을 직감했다. 단순한 고비가 아니라 기업 생존의 근간이 뿌리째 흔들리는 상황이었으며 한두 달, 혹은 1~2년으로는 결론이 나지 않는 일임을 깨달았다.

몇몇 기업에서는 조용히 나를 찾아와 자기네 회사 경영을 맡아주지 않겠냐는 러브콜 아닌 러브콜을 건네기도 했다. 아마도 나이 일흔을 바라보는 경영자가 파산 직전의 기업을 살려내기가 불가능하다고 보았던 모양이다. 어쩌면 나도 무모하게 키코 사태를 해결하려고 매달리지 않고 차라리 보장된 자리로 가서 평생 쌓은 경영의 노하우를 발휘하며 편안하게 생활하는 편이 더 나았으리라. 그러나 나의 선택은 언제나 코맥스였다.

"위기 경영 체제를 선포하라!"

2008년 5월. 창립 40주년 기념행사를 마치자마자 위기 경영을 선포했다. 40년을 일궈온 기업이 내일을 기약할 수 없는 위기에 놓여 있다고 생각하니 지나간 세월이 주마등처럼 스쳐 지나갔다. 비장한 각오로 위기 경영 체제를 선포하고 직원들에게 가감없이 회사의 상황을 공개했다. 키코 사태를 공식화한 것이다.

이어서 7월에는 팀장급 이상을 다 모아 첫 번째 비상 경영 대책 회의를 소집했다. 평소에 매주 진행하던 팀장 회의를 비상 체제로 전환한 것이다. 그리고 위기감을 공유하며 우리가 할 수 있는 모든 대안들을 함께 고민했다.

그리고 9월에는 이를 다시 '위기 관리 대책회의'로 격상시켜 매주 토요일에 모든 부문별 팀장들이 모여서 현안 보고를 하고 다음 주에 추진할 안건을 논의하며 머리를 맞댔다. 휴일도 없었고 낮밤도 따로 없었다. 그러한 위기 관리 체제는 수년 동안 계속되었다.

전사적인 군살 빼기도 추진했다. 전등 3개를 쓰던 곳은 2개로 줄이고, 겨울엔 춥게 여름엔 덥게 지냈으며, 연식이 오래되어 교체해야 하는 사무기기 역시 불편을 감수하며 계속 사용했다. 또한 택시 대신 버스를 탔으며 버스 탈 일은 걸어 다니면서 경비를 최대한 줄이고, 허례허식을 없애 새는 돈을 막았다. 그런 가운데서도 불평하는 사람은 없었다. 우린 한 배를 타고 있었고, 그 배는 커다란 풍랑을 만나 휘청거리고 있었으니까. 한마음이 되지 않고서는 풍랑 속에 난파되고 말지도 모른다는 위기감이 우리를 더욱 하나로 결속시켜주었다.

경영 방식도 바꿔야 했다. 그 무엇보다 수익성을 최우선으로 두었다. 수익성이 떨어지는 사업은 과감하게 포기했고, 성장을 위한 투자도 자제할 수밖에 없었다. 일단 살아남아야 성장도 도모할 수 있기 때문에 매출 신장보다는 재무 건전성을 높이는 데 총력을 기울였다.

그 까닭에 매출은 정체되었지만 이익률이 상당히 올라갔고, 군살을 빼고 허리띠를 졸라매고 거둔 이익으로 키코 사태로 빚어진 일들을 하나씩 해결했다. 함께 고생하는 직원들에게 미안하고 안타까운 마음을 금할 길이 없었지만 그럴수록 주먹을 불끈 쥐었다.

그러나 참으로 다행스럽게도 어려운 가운데 한 번도 직원들의 월급이 늦어진 적이 없었다는 것은 나의 가장 큰 자부심 중의 하나이다. 이러한 나의 믿음에 직원들은 적극적인 임금 동결 합의로 화답했다. 물론 회사가 위태로워 보이고 임금 인상도 불가능해지자 퇴사를 한 직원도 있었지만 대부분의 직원들이 끝까지 함께 가는 쪽을 선택했고, 임금 동결에도 적극적으로 동참해주었다. 또한 고통을 분담하는 데는 직원과 경영진이 따로 있을 수 없었다. 나는 물론이고 부사장의 임금부터 동결시켰고, 나중에 상황이 좋아져서 직원들 임금 동결을 풀게 된 다음에도 최고 경영진의 임금은 동결 상태를 수년간 더 유지했다. 간혹 담당 책임자가 나의 급여 인상을 제안했지만 그때마다 나의 대답은 하나였다.

"나 줄 돈 있으면 직원들 급여를 조금이라도 더 올려주게나."

그것은 서로에 대한 믿음이었다. 그러한 믿음을 보여준 것은 사내 직원들뿐만이 아니었다. 거래처들도 우리 회사가 어려워졌다고 해서 결제를 독촉하기보다는 오히려 믿고 기다려준 곳이 대부분이었다. 처음에는 갑작스런 사태에 당황하고 결제 문제가 차질이 빚어질 것을 우려하며 혼란스러워 하기도 했지만 이내 안정을 되찾았다. 물론 퇴사를 한 직원이 있었던 것처럼 거래처 중에도 키코 사태가 터지자 "현금을 내놓기 전에는 물건을 못 준다"고 나온 곳도 있었고, 아예 거래를 끊어버린 모 대기업 건설사도 있었다. 그러나 그런 경우는 일부에 불과했고 대부분의 거래처에서는 두 달이고 세 달이고 결제를 기다려주곤 했다. 코맥스와 나를 믿어준 것이다.

그리고 또 하나의 믿음이 있었다. 그것은 우리 제품에 대한 고객들의 믿음이었다. 비록 성장을 위한 투자를 자제하긴 했지만 고객들은 우리 코맥스 제품을 꾸준히 찾아주었다. 오랜 세월 쌓인 제품에 대한 신뢰와 그 믿음 덕분에 키코 사태를 겪는 와중에도 매출이 발생했고 그 발생한 매출로 빚을 줄여갈 수 있었다. 만약 고객들이 등을 돌렸다면 그 어떤 자구책도 무용지물이 되었을 것이다.

그런 안팎의 믿음이 있었기에 힘을 낼 수 있었고 코맥스도 버틸 수 있었다. 직원들은 회사를 믿었고, 경영진은 직원들을 믿었으며 거래처는 코맥스를 믿고 코맥스는 거래처를 믿었다. 그리고 우리의 고객은 코맥스의 제품을 믿었고 코맥스는 우수한 품질로 그 신뢰에 화답했다. 우리는 믿었던 것이다. 서로를 그리고 코맥스를, 코맥스가 살아남을 수 있다는 것을!

　이러한 믿음은 하루아침에 생기는 것이 아니다. 오랜 세월 동안 서로가 보여준 모습에서 깊은 믿음이 쌓이고 그렇게 다져진 믿음이야말로 위기를 만났을 때 힘을 발휘한다. 모래성과 같은 믿음이라면 불어오는 바람에 쉽게 날려가버리고 말겠지만 깊은 믿음은 그 바람을 이겨낸다. 그러니 서로를 얼마나 믿는가, 하는 것은 평상시가 아니라 위기가 닥쳤을 때 적나라하게 드러난다. **상황이 좋을 때 믿는 것은 누구나 할 수 있는 일이다. 절망적인 상황에서 믿어주는 게 진짜 믿음이다.** 그러한 믿음이 코맥스를 살렸다.

모든 걸 다 잃어도
코맥스만은!

은행과의 협상도 중요했다. 결국 은행에 줘야 할 돈을 다 줘야 키코 사태가 끝날 수 있었다. 당시 코맥스와 연관이 된 은행은 두 개 은행으로 압축할 수 있다. 편의상 S은행, C은행이라고 지칭하겠다. 총 손실 규모 600억 원 중에서 S은행에 갚아야 할 돈은 220억 원, C은행은 180억 원 규모였다.

거액의 대출을 갖다 쓴 것도 아니고 단지 환율의 급등으로 인해 이렇게 큰 손실이 누적되다니, 키코는 얼마나 엄청난 리스크를 안고 있는 고위험 금융상품이었단 말인가. 많은 기업들이 손실 규모를 감당치 못하고 은행에 소유권을 넘기는 상황이 속출했다. 또한 코맥스를 비롯해서 피해를 본 중소기업들은 힘을 모아 상품을 판매한 은행들을 상대로 소송을 제기하기도 했는데, 문제가 있는 상품을 제대로 된 정보 제공 없이 기업들에게 판매해서 큰 손실이 나게 한 것에 대해 법적인 책임을 묻고 구제를 받기 위함이었다.

그러나 판결의 방향이 불분명했고 기업 측에 유리하게 판결이 날 확률이 그리 높지 않은 상황이었기에 은행들은 계속해서 채무 변제를 독촉했다. 심지어는 실무선을 통해 이런 협박도 들어왔다.

"당신네 회장의 모든 재산을 가압류하고 사업을 아예 못하게 만들겠소."

특히 C은행에서는 소송을 포기하지 않으면 협상에 응할 수 없다는 입장이었다. 자기네를 상대로 소송을 벌이는 기업과 협상할 수 없으니 소송과 협상 중 하나를 선택하라는 것이었다. 급할수록 돌아가고 궁지에 몰릴수록 마음을 크게 먹어야 한다. 얽힌 실타래를 한 올씩 한 올씩 풀어나가자며 마음을 다잡았다. 그래서 우리는 '강온 양면 전략'을 쓰기로 했다. 협상은 협상대로, 소송은 소송대로 진행하기로 한 것이다.

다행히 기업은행 모 지점에서 위기에 처한 중소기업을 도와야 하지 않겠느냐며 좋은 조건으로 대출을 진행해줘서 독촉이 심하던 C은행의 채무를 변제할 수 있었다. 이어서 S은행과도 협상이 잘 진전이 되어 대출 전환이 가능해졌다.

그러나 은행에서 대출을 진행할 때 그냥 해줄 리는 없었다. 담보가 필요했는데, 회사 가치가 많이 하락한 데다 빚을 갚느라 회사 자산을 거의 매각한 상태라 담보가 부족했다. 담보로 제공할 만한 것은 다 제공했지만 은행에서는 더 많은 것을 요구했다. 나는 망설이지 않고 사재를 다 걸기로 했다. 물론 나의 일천한 재산으로는 대출 금액을 담보하는 데 턱없이 부족했지만 은행 측에 경영주의 의지를 보여줘야 했다.

"자산을 다 제공해."

"회장님…… 그건 안 됩니다. 어떻게 하시려고요? 이 고비를 넘길 수 있다는 보장이 없잖습니까? 혹 잘못되기라도 한다면……."

"그러니까 다 걸어."

"네?"

"이 사람아. 만의 하나 코맥스가 잘못되면 내가 무슨 의미가 있겠는가? 살고 있는 집도 넣게."

"회장님. 그래도 집은 남겨놔야 하지 않습니까. 만약 집이 넘어가면……."

"괜찮네. 괜찮아. 이제껏 잘 살아온 것만 해도 감사한 일이지. 애들 다 커서 출가했고 우리 부부가 노년에 무엇이 겁나는 게 있겠나. 다 넣게."

회사가 도산하면 내 재산을 지키는 게 무슨 의미가 있겠는가. 아니 내 재산을 다 잃더라도 코맥스만은 살려야 했다. 그리고 코맥스가 품고 있는 200여 명의 직원들과 그들이 부양하는 수많은 식구들을 생각했다. 그들은 모두 내가 전심으로 부양해야 할 식구들이기에 나는 칠순이 넘은 노년에 모든 것을 다 건 모험을 또다시 감행했다. 내겐 지켜야 할 기업과 식구들이 있었으니까.

다행히 은행 측에서는 턱없이 부족한 담보였지만 대표이사가 모든 것을 걸고 회사를 지키겠다는 의지를 보이자 대출을 허가해 주었다. 결정적으로 살 길이 열리는 순간이었다.

때때로 살아가는 일이 그리 힘들지 않을 때가 있다. 큰 사고나 시련 없이 안정된 일상이 유지될 때 말이다. 그러나 그 반대일 때도 있다. 운명이 어려운 과제를 던져주듯 감당하기 어려운 패를 툭 하니 던져주는 것이다. 그럴 때면 인생살이가 호락호락하지 않다. 그 패는 언제나 모두를 요구한다. 모두를 잃을 수 있는 위험한 패를 들고서 우리에게 묻곤 하는 것이다. 자 어쩔래? 모든 것을 잃을 각오를 하고 한번 붙어볼래? 아니면 엉거주춤 머뭇거리다 그 파도에 휩쓸려 넘어 질래? 그렇게 묻는 셈이다. 나는 답하고 싶었다. 그래, 모든 것을 다 잃어주겠다. 그러나 단 하나 코맥스는 안 된다고.

혁신은 위기를
먹고 자란다!

"회장님, 마지막 담보 풀었습니다!"

이 보고를 받는 순간 가슴 속에 꽉 막혀 있던 응어리 같은 게 일순간에 풀려나가는 느낌이었다. 일희일비하지 않고 힘든 일이 있어도 긍정적인 생각으로 버티자는 게 내 기본적인 모토이긴 하지만, 지난 몇 년간의 고독한 투쟁을 어찌 부인할 수 있으랴. 김 상무가 나간 후 집무실에 혼자 남자 나는 창가로 다가섰다. 한 면을 꽉 채운 유리창에서는 햇살이 가득했다. 집무실 깊숙이까지 들어와 비추는 햇살이 그날따라 그렇게 밝을 수가 없었다. 이제 길바닥에 나앉을 위험은 없어진 것인가. 물론 당시로서는 아직 변제할 대출 금액이 남아 있는 상황이었지만 한 고비를 넘었음이 분명했다.

지난 몇 년간의 일이 주마등처럼 스쳐 지나갔다. 2008년 키코 사태가 처음 터진 이후 외줄 타기처럼 위태로운 시간들을 보내왔다. 다행스러웠던 것은 2009년에 직원들의 임금 동결을 하고 나서 채 2년도 되지 않아 임금 동결을 풀 수 있었던 것이다. 전사적인 혁신을 단행한 결과 2010년 하반기 무렵부터는 수익률도 올라가고 막혔던 혈관에 피가 통하듯 현금이 돌기 시작한 덕분이었다.

비록 사재를 담보로 제공하는 등의 우여곡절을 겪긴 했지만 은행과의 협상도 잘 이루어져 대출 전환을 할 수 있었고, 2010년경부터 본격적으로 빚을 갚기 시작해서 2015년에 완전히 키코 사태로부터 벗어나 위기 경영 종결을 선포할 수 있었다. 1년에 약 100억 원씩 갚은 셈이었다.

걸어온 길을 돌아보니, 위기를 지나오는 동안 코맥스가 부쩍 성장해 있다는 것을 실감할 수 있었다. 이익률 하나만 보더라도 키코 사태 전에는 4~5%에 불과하던 것이 키코 사태 이후에는 10% 이상으로 향상되었고 부채 비율은 키코 전보다 오히려 축소되기까지 했다. 재무 건전성이 눈에 띄게 좋아진 것이다. 모든 것이 키코 사태 이전보다 좋아졌다.

그러나 정말 중요한 성장은 이익률이나 부채 규모와 같은 외형적인 부분이 아니라 내적인 성장이었다. 도저히 불가능해 보이던 일을 전 직원이 힘을 합해 극복해냈다는 자신감은 그 어떤 것과도 바꿀 수 없는 성과이며 일부러 돈 주고 사려고 해도 살 수 없는 귀한 것이었다. 종종 이렇게 말하는 직원들을 본다.

"키코 사태를 겪고 나서 우리 회사가 얼마나 경쟁력이 있는 회사인지 새삼 알게 되었다."

이러한 자신감과 자부심을 어디서 얻을 수 있겠는가. 키코 사태를 겪지 않았다면 우리의 한계가 어디까지인지 시험해볼 일도 없었을 것이고 현 상태에 안주했을지도 모를 일이다.

과거의 경험을 볼 때도 마찬가지이다. 초창기에 전량 리콜 사태를 겪으면서 품질의 중요성을 뼈저리게 깨닫고 그 후부터는 제품의 품질에 만전을 기한 결과 중소기업이라도 품질만큼은 어떤 대기업에도 뒤지지 않는다는 자신감으로 세계시장으로 뻗어나갈 수 있었다.

해외 수출을 시작한 이후에도 북미 지역 수출 제품에 불량 사고가 난 적이 있었다. 그때도 전량 리콜을 결정하며 시장의 신뢰를 높였다. 기술과 노하우가 부족했던 당시, 전량 리콜을 감행할 경우 회사가 크게 어려워질 수 있는 상황이었지만 회사가 망하더라도 신뢰를 잃을 수 없다는 마음에서 전량 리콜을 결정한 것이다. 그 결과 해외 고객사들 사이에서는 "코맥스는 믿을 수 있다"는 입소문이 퍼지기 시작했고 해외시장에서 우리 제품의 긍정적 이미지를 심을 수 있는 결정적 계기가 되었다.

나 개인적으로도 기업은 성실해야 하고 책임감이 있어야 한다는 것을 새삼 되새기게 되었고 그 이후 해외에서 불량이 날 경우 과거의 일을 떠올리며 적극 대처하고 있다. 주변에서는 "그렇게 퍼주는 식으로 사업을 하면 머지않아 문을 닫게 될 것"이라고들 염려하기도 했지만 그들의 말이 틀렸음을 코맥스가 세월 속에서 증명한 셈이다.

특허 분쟁은 또 어떠한가. 특허 분쟁에 종종 휘말리게 된 덕분에 코맥스는 일찌감치 IP 전략에 눈을 뜨고 똑같은 피해를 당하지 않을 수 있도록 철저히 대비할 수 있게 되었다.

이처럼 진정한 변화와 성장은 위기 때에 왔다. 우리네 신체도 운동 등을 통해 육체적 시련을 겪어야만 뼈와 근육이 강해지는 것처럼 기업도 위기를 통해 더 강해질 수 있다. 위기를 만났을 때 사람은 비로소 자신을 돌아보고 정비하고 변화시킬 수 있는 동력을 얻게 되기 때문이다.

바람이 불면 풍차를 돌리라는 말이 있다. 그러니 위기를 만나거든 혁신을 시작하라. 거센 바람이 풍차를 돌리는 동력이 되어줄 것이다. 혁신은 위기를 먹고 자란다.

지난 2017년 12월 코맥스는 제24회 기업혁신대상에서 국무총리상을 받았다. "키코 금융 사태를 맞아 900억 원대 매출 중 600억 원의 손실이 발생했으나 혁신만이 살 길이라는 정신으로 전사적 혁신 활동을 펼쳐 위기를 극복했다"는 것이 수상의 이유였다.

이처럼 키코 사태를 이겨낸 경험을 값진 자산으로 삼아 코맥스는 이후 기술 혁신과 함께 생산성 향상, 원가 절감, 인재 육성, 소통 강화 등 다양한 혁신을 지속해왔고 현재 4차 산업혁명 시대를 대비하여 또 다른 혁신을 진행 중이다. 험난한 여정을 함께해준, 그리고 앞으로도 함께해줄 우리 코맥스 가족들에게 이 영광스러운 수상의 공을 돌리고 싶다.

포스트 코로나,
기본으로 돌아가라

"변화를 잘 읽어라."

현장 영업을 하는 직원이나 대리점을 맡고 있는 사람이나 임원들이나 내가 접하는 모든 사람에게 자주 강조하는 말 중의 하나이다. 사소하게는 거래처 영업사원이 그만두는 일부터 크게는 거래처 오너가 바뀌거나 혹은 그 회사에 경영상의 문제가 발생하지는 않았는지 항상 동태를 읽어내는 예민한 '촉'이 있어야 한다. 그래야 미리 대비할 수 있고 일이 닥쳤을 때도 빠르게 대처할 수 있다.

영업 현장에서의 변화뿐만이 아니다. 더 중요한 것은 시대의 변화, 기술의 변화, 패러다임의 변화를 읽는 것이다. 변화를 잘 읽어내는 기업이 성공한다. 최근 아마존, 구글, 페이스북, 테슬라 등 생긴 지 20~30년밖에 안 된 기업이 전통적인 대기업들을 제치고 증시 시가총액에서도 선두 자리를 차지하고 있는 것을 볼 수 있다.

사실 대부분의 기업들이 변화를 눈치채지 못하는 것이 아니다. 변화의 기미를 인지하고 있으면서도, 과거의 성공 유산을 쉽게 버리기가 힘들기 때문에 그렇다. 또한 그 변화를 활용할 수 있는 생각을 해내고, 실천하는 인재가 없다는 데에도 문제가 있다. 기업은 그동안 해오던 방식의 전문가들로만 채워져 있지 새로운 방식의 사업 모델을 도입하거나 그것에 해박한 인재는 부족할 수밖에 없다. 생각해 보면, 사업도 역사와 마찬가지로 신구 투쟁의 연속이다. GM에서 신사업을 추진한다고 '일론 머스크(Elon Reeve Musk)' 같은 인재를 영입할 수 있을까? 만약 영입했다고 가정하더라도 그의 생각을 마음껏 펼칠 수 있는 조직적인 지원을 할 수 있을까?

세상의 변화를 읽으려는 노력만큼이나 조직 내에서 변화를 수용하는 오픈 마인드 혹은 변화에 적응하려는 분위기 전환이 필요하다.

테슬라 이외에도 넷플릭스나 우리나라의 카카오뱅크 같은 기업도 변화하는 시대에 발맞춰 비즈니스 혁신을 이뤄낸 대표적인 사례이다. 이들 대부분은 오랫동안 그 산업군의 '경쟁의 법칙'에 익숙한 기업이 아니라 '새로운 경쟁의 룰'을 만들어낸 신생 기업이라는 공통점이 있다.

나 자신만 하더라도 그런 '새로운 경쟁의 룰'과 유사한 가정용 통신기기 시장을 개척하여 새로운 시장을 열었던 창업가임에도 불구하고, 스마트홈 시장을 좀처럼 벗어나 본 적이 없다.

코맥스는 전통적으로 홈시큐리티 기업이었다. 음성통화이던 영상통화이던 출입 통제 개념의 통신장비들이다. 특히 음성통화와 영상통화에 강점을 갖고 있던 기업이라서 요즘 사용되는 차량용 전후방 카메라나 블랙박스 기능의 기술들을 이미 확보하고 있었다. 그래서 미국 운송기업인 UPS에 차량용 후방 모니터링 시스템을 납품해 미국 전역의 UPS 운송 트럭에 코맥스 제품을 장착할 수 있었던 것이다. 그러나 가정용 제품 사업이 순풍을 맞은 덕분에 그러한 기술과 제품을 보유했음에도 새로운 비즈니스 기회로 인식하지 못했다. 현재 시큐리티 분야의 CCTV 관련 시장이나 차량용 전/후방 카메라 시장 등의 규모를 보면 지금보다 몇 배 이상 큰 기업으로 성장할 수 있는 기회가 있었는데 놓친 것이다. 영상 관제나 차량용 카메라 시장의 기회를 보지 못했거나 보았더라도 너무 가볍게 생각했다는 아쉬움이 있다.

이처럼 시대의 변화로 회사의 존립에 문제가 생기는 경우도 있지만, 시대의 변화를 읽지 못해 더 큰 성장의 기회를 잃는 경우도 있다는 점을 기억해주었으면 한다.

지금 우리는 인류가 이제껏 경험해본 적 없는 거대한 변화의 물결 앞에 서 있다. 불과 몇 달 전에 세상에 퍼진 코로나19 바이러스는 개인의 건강뿐만 아니라 세계 모든 기업과 모든 나라에 위협을 가하고 있다. 이는 단순한 질병 예방 차원의 문제가 아니라 우리 삶의 본질적인 패러다임 변화를 예고하는 문제로 커지고 있다. 코로나19로 인한 비대면 생활의 일상화는 이전부터 예고되어 왔던 4차 산업혁명에 의한 지능정보사회의 도래를 순식간에 앞당겨놓았다. 모든 기업은 이런 위기에 대비할 시간적 여유도 없이 커다란 변화의 파고와 맞닥뜨리게 되었다.

"그렇다면 우리는 포스트 코로나 시대에 어떻게 달라져야 할까?"

모든 이들이 이러한 질문을 스스로 혹은 전문가에게 던지고 있다. 나 또한 마찬가지이다. 그러나 두 세대가 넘는 세월 동안 기업을 이끌면서 세상의 변화를 수도 없이 경험해온 내 입장에서는 변화라는 게 새로운 것이 아니다. 언제나 변화는 있어왔고 그 변화를 이겨내는 힘은 언제나 '기본'에서 출발하는 것이었다. 포스트 코로나 시대에 닥칠 변화도 마찬가지이다. 그러므로 기본으로 돌아가야 한다!

기본으로 돌아가라는 말은 과거의 방법을 답습하자는 게 아니다. 변화의 본질을 주의 깊게 통찰한 다음 그에 맞게 대처해야 한다는 말이다. 그러기 위해 나는 항상 다음 3가지를 강조한다. 바로 지식의 축적, 관계의 공유, 오픈 마인드이다.

첫째, 지식의 축적으로 나만의 빅데이터를 축적해야 한다.

변화가 두려운 이유는 미지의 세계이기 때문이다. 경험해본 적이 없기 때문에 두려운 것이다. 그러므로 공부해야 한다. 책을 읽고 조사하고 공부하면서 새로운 기술과 새로운 시대를 알아가야 한다. 요즘 같은 시대에 종이책을 보라고 하면 잔소리로 치부하기 십상인데 그래도 깊이 있는 사유를 경험하려면 전문가의 견해가 담긴 종이책을 보라고 권하고 싶다. 테슬라의 일론 머스크 역시 소년기부터 하루에 10시간씩 독서를 한 책벌레였다. 그가 "모든 아이디어를 책에서 얻었다"고 말한 것은 시사하는 바가 크다. 책 외에도 강의, 세미나, 멘토와의 대화 등 다양한 방법을 통해 변화의 본질을 익히고 공부해서 새로운 시대에 대한 나만의 빅데이터를 축적해야 한다. 그것이 축적되기 시작할 때 자신감도 쌓인다.

둘째, 관계의 공유로 나만의 네트워크를 확대해야 한다. 지식의 축적이 나의 전문성의 깊이를 만드는 작업이라면 관계의 공유는 나의 폭을 더 넓혀가는 작업이다. 앞으로 다가올 시대는 한 분야의 전문성만으로는 헤쳐 나가기 어렵기 때문에 다양한 네트워크를 통한 연대를 통해 나의 한계를 극복해야 한다. 한마디로 광폭의 시야를 가진 사람이 되어야 한다는 말이다. 최근에 융복합이 경쟁력의 핵심 요소로 등장하면서 기업 내에서도 지식과 경험을 두루 겸비한 제너럴리스트(Generalist)가 필요하다는 주장도 그런 맥락이다.

셋째, 오픈 마인드로 변화에 동참해야 한다. 변화해야 한다고 하면 무조건 두려워하거나 위축되기 쉽다. 위기에서 비롯된 변화는 어렵고 골치 아프고 고생스러운 것이라는 생각부터 들기 때문이다. 그러나 변화는 젊은 친구들이 새로운 게임이 나왔을 때 호기심에 도전해보는 새로운 버전의 게임일 뿐이라고 발상을 달리할 필요가 있다. 변화를 두려워하면 도태될 수 있지만 변화를 즐기려고 하면 성공의 기회가 된다. 그러니 새로운 게임을 시작한다는 마음가짐으로 그 게임에서 전력을 키우고 필살기를 익혀 최강자로 거듭나려는 변신을 시작하자. 인생도 변화무쌍한 게임처럼 즐기려는 마인드가 필요하다.

성공을 꿈꾸는
젊은 CEO들에게

세상에는 수많은 일들이 있지만 경영인으로서 한평생 살아온 나로서는 기업을 경영하는 일에 더 많은 애정을 가지고 있다. 내가 걸어본 길이기에 해줄 말도 많다. 셀 수도 없이 많은 사람의 수만큼 셀 수도 없이 많은 성공 방정식이 있다. 그러니 자기에게 딱 맞는 성공의 방정식은 스스로 만들어가야 한다.

다만 자신만의 성공 방정식을 아웃풋하기 위해서는 다른 사람의 경험을 내 안의 용광로에 인풋해서 녹이고 불순물을 빼낸 다음에야 온전히 창조적인 내 것을 만들어낼 수 있다. 그러니 내가 해주는 말도 독자들의 용광로에 넣어서 녹이고 새롭게 하기를 바란다.

첫째, 세일즈맨이 되어야 한다.

경영인은 위에서 아랫사람들을 향해 "팔로우 미!"를 외치기만 하는 그런 사람이 아니다. 경영인은 그 누구보다도 발 빠른 세일즈맨이자 영업사원이 되어야 한다. 회사의 영업사원은 물건 하나를 파는 사람이지만 경영인은 자기 자신을 팔고 회사를 팔고 회사의 이름을 파는 사람이다. 경영인은 그 누구보다 잘 파는 사람이 되어야 한다.

세계 각국의 현장을 다니며 영업을 하던 시절 미국에 갔을 때 그곳의 영업사원들이 특히 인상적이었다. 미국의 영업사원들은 겉모습부터 정성을 기울인다. 항상 말끔한 옷차림을 갖추고 깍듯한 매너로 비즈니스 상대인 나를 대했다. 또 그들은 자유롭게 이야기하는 가운데서도 절대로 "NO"라고 쉽게 말하지 않았다. 나의 의견에 대해 직접적인 반대나 거부를 표하는 대신 언제나 "한번 검토해 보겠습니다" 또는 "생각해 보겠습니다"라고 에둘러 표현하곤 했다. 허풍으로 헛된 기대를 하게 만들지도 않았지만 그렇다고 딱 잘라 즉석에서 거부 의사를 밝혀서 기분 상하게 하거나 비즈니스 협상 분위기를 깨지 않도록 지혜롭게 행동했다는 것이다. 이처럼 경영인은 회사를 대표하는 사람이니 만큼 복장, 말씨, 매너 등 모든 면에서 세일즈맨으로서의 자세를 갖춰야 한다.

둘째, 나만의 스토리를 만들어라.

영업 활동은 스토리를 만드는 것이다. 겉모습만 세일즈맨이 되었다고 해서 물건이 팔리고 거래가 성사되는 것은 아니다. 비즈니스 파트너와 깊이 있는 스토리를 만들어갈 때 좋은 거래가 지속되고 서로의 성공에 힘이 될 수 있다.

러시아에 출장 갔을 때 있었던 일이다. 그곳의 비즈니스 파트너인 '두두킨'은 소비에트 연방 시절의 국가보안위원회(KGB) 출신의 사업가였는데 새로운 시큐리티 시스템이 필요해서 나와 비즈니스 협의를 하게 되었다. 그는 러시아 모스크바로 우리 부부를 초대해서 공항까지 차와 경호원들을 보내 맞이하더니, 서방 경제대국들에 비해서는 소박하지만 러시아에서는 구 소련 시절부터 유서가 깊은 최고급 호텔을 예약해주었다. 그의 배려에 온 정성을 다해 사람을 대하는 진정성을 느꼈다. 그가 웃으며 "변 회장님, 스탈린 방에서 주무시겠습니까? 레닌 방에서 주무시겠습니까?" 하고 묻는 모습은 사뭇 진지해서 오히려 정감이 갔다. 비록 우리는 언어가 달라서 통역을 통해 대화를 나눴지만 서로에게 느껴지는 정감과 신뢰를 확인할 수 있었기에 좋은 비즈니스 상대가 되었다. 그렇게 시작된 관계는 나와 그의 인연을 넘어 기업과 기업의 협력, 그 다음 세대끼리의 협력으로까지 이어졌다. 그와 나 사이에 스토리를 만들어간 것이었다.

셋째, 나만의 식스센스를 만들어라.

요즘 젊은 사람들은 '촉'이라는 단어를 많이 쓴다. 달리 표현하자면 육감이나 직관력을 말하는 것이리라. 기업을 경영하려면 변화를 느끼는 촉, 사람을 알아보는 촉이 빨라야 한다. 특히 사람을 알아보는 촉이 중요한데, 첫인상이 좋아도 겪어보면 사기꾼처럼 정직하지 못한 사람이 있는가 하면 첫인상이 별로여도 겪어볼수록 진국인 사람이 있다.

과거 인도에 처음 영업을 갔을 때는 번지르르한 말만 믿고 거래를 했는데 나중에 그가 다른 회사와 우리 회사 사이에 양다리를 걸치면서 이익만 빼먹고 있는 것을 알게 되어 거래를 중단한 적이 있었다. 또 캐나다 출장을 갔을 때는 계약 기간이 끝나기도 전에 신뢰를 깨고 회사 문을 닫아버리는 바람에 손해를 볼 뻔한 적도 있었다. 이렇게 뒤통수를 맞지 않으려면 사람 보는 눈을 길러야 한다. 또 좋은 사람을 놓치지 않기 위해서라도 사람 보는 눈을 길러야 한다. 그런데 그런 촉은 하루아침에 길러지지 않기에 오랜 경험을 통해 쌓아갈 수밖에 없다.

한 가지 주의할 점은 사람은 한 번 보고는 알 수 없다는 것이다. 그래서 시행착오를 줄이기 위해서 나는 처음 비즈니스 관계를 맺을 때는 유예기간을 두는 원칙을 세웠다. 일정한 기간 동안 서로를 알아갈 수 있게 거래를 해보면서 서로 판단한 후에 믿을 수 있다는 확신이 들면 장기적인 계약을 맺는 식이었다. 직원을 뽑을 때도 마찬가지로 몇 개월 정도의 유예기간을 두고 개인과 회사가 서로 판단해본후에 정식 고용을 결정했다. 선입견으로 단정 짓기보다는 신중함으로 좋은 인연을 만들어 가야 한다.

넷째, 가장 가까이에 있는 사람을 존중하라.

사업을 하는 동안 많은 위기를 넘겼지만 결코 쉽게 포기한 적은 없었다. 힘들수록 더욱 굳세지는 근성이 있었다고나 할까. 그도 그럴것이 한국전쟁 중에 가족을 놓치고 혼자 피난 내려와, 피난지에서 어린 나이에 '아이스케키'며 신문이며 만화책 장사도 해보며 자랐으니 시련을 통해 다져진 근성이었다. 이런 근성으로 청년 시절 4.19 민주화 의거 때에도 앞장서고 사업을 시작한 다음에는 해외시장을 누비며 개척해낼 수 있었다.

그러나 모든 것을 나 혼자 한 것 같아도 보이지 않는 곳에서 나를 받쳐주는 이들이 있었다. 누구에게나 위기 극복의 가장 중요한 버팀목은 가장 가까이에 있는 사람이다. 가까이에 있는 사람이라면 부모님일 수도 있고 형제, 친구, 선배, 동료, 배우자 등 저마다 다를 것이다. 그러나 대부분의 CEO들에게 공통적으로 가장 가까이에 있으면서 영향력을 발휘하는 사람은 바로 '배우자'이다. 나 역시 그러했다.

사업이 흥할 때나 쇠할 때나 한결같은 신뢰를 보내주고 가정을 잘 이끌어가면서 아이들을 길러내는 '반려의 공'은 기업을 경영하는 CEO의 그것보다 결코 작지 않다. 그러므로 사업을 귀하게 여기는 만큼 반려자를 귀하게 여겨야 한다.

사업에 성공했으나 행복한 가정을 가꾸고 2세가 원만하게 경영을 계승하는 사례를 찾아보기 힘든 것이 현실이다. 치열한 생존 경쟁 속에서 기업을 경영하다 보면 가정을 소홀히 하는 실수를 범하기 쉽지만, 그럴수록 가정을 더 잘 돌아봐야 한다. 반려자는 물론 나를 응원하는 가까운 사람과의 관계를 귀하게 여기면서 두루두루 돌볼 수 있어야 한다.

기업의 성공은 결국 사람을 잘 선택하고 그 인연을 잘 가꾼 후에 따라오는 결과이다. 언택트 시대로 변화하면서 비대면 사업이 대세가 되어가고 중요도가 낮은 일은 비대면으로 효율화·자동화되어가고 있지만 오히려 그럴수록 핵심적인 정보나 사업은 사람과의 관계에서 더 밀접하게 이뤄지게 된다. 결국 인사가 만사이기 때문이다. 사람을 귀하게 여기면 그것이 사업의 복으로 돌아오게 마련이다. 성공의 복은 사람을 따라 들어오는 것이다.

믿음은 하루아침에 생기는 것이 아니다.
오랜 세월 동안 서로가 보여준 모습에서
깊은 믿음이 쌓이고
그렇게 다져진 믿음이야말로
위기를 만났을 때 힘을 발휘한다.

4부

가치 경영

가장 소중한
가치는 믿음이다

사람 사이의 관계도, 사업도
상생하려면
먼저 정을 주어야 한다.
상생은 그냥 입으로만 외치는
구호가 아니라
실천이다.
관심을 가져주고
따뜻하게 대해줄 때
진정한 동행이
이뤄질 수 있다.

이익만을 추구하지 말고

바른 길을 따라가자.

이익만을 추구하면 그 끝에 나 혼자 남고

바른 길을 따라가면 그 끝에 우리가 있다.

진정한 기업이란

돈만 버는 것이 아니라 인재를 기르는 곳이며

진정한 경영이란

모두의 꿈이 자랄 수 있는 터전을 만들어주는 것이다.

가슴에 품을
삶의 지표를 찾아라!

오랜 세월이 지나도 잊히지 않는 만남이 있다. 인생에서 누구를 만나 어떤 영향을 받느냐가 얼마나 중요한가. 특히 젊은 시절에 좋은 분을 만나 깊은 울림을 주는 이야기를 듣게 된다면 평생 잊지 못한다. 머리가 아니라 가슴이 기억하기 때문이다. 나에게는 고 장리욱 박사가 그런 분이셨다.

대학 신입생 시절이었다. 어느 날 고등학교에 재학 중인 여동생에게 급하게 전해줄 게 있어서 동생 학교에 잠시 들른 적이 있었다. 용무를 마치고 나오는 데 그 학교 교장 선생님을 만나게 되었다. 그 어른은 나를 교장실로 데리고 가 따뜻한 차 한 잔을 내주시며 이런 저런 이야기를 들려주셨다. 그분은 민족과 나라의 앞일에 대해 관심이 많은 어른이셨다. 왜 아니겠는가. 1960년을 코앞에 두고 있던 그때 우리나라는 경제적으로나 정치적으로나 참으로 암울한 시대였으니 말이다. 당시 이승만 대통령은 대통령직 연임 제한 조항이 초대 대통령에 대해서는 적용되지 않도록 헌법을 개정하는 이른바 '사사오입(四捨五入) 개헌'이라는 무리수를 두면서까지 재집권한 상태여서 정치권은 혼란스러웠고, 경제 면에서도 산업 개발에 별다른 진전이 없어 국민들의 삶은 가난과 궁핍 속에 참담함을 면치 못하고 있었다. 교장 선생도 그 점을 통탄했다.

"산업을 개발해서 국민들이 먹고 살게 해줘야 하는데, 정부는 깡통 외교, 구걸 외교나 하러 다니고 있으니…… 이래서야 되겠는가."

모든 것이 불안정한 시대였다. 일본 식민지배 기간 동안 온갖 수탈을 당해 아무것도 남아 있지 않은 상태에서 6·25전쟁까지 겪은 터라 산업 발전은 아직 요원한 시대였다. 부모들의 교육열은 높아 갖은 노력으로 자식들을 대학에 보냈지만 정작 대학을 나와도 취업을 하기가 어려웠다. 그들을 받아줄 산업 환경이 아직 조성되어 있지 않았기 때문이다. 산업다운 산업, 공장다운 공장 하나 없었다. 교장 선생의 이런 저런 이야기에 나 역시 민족이 살기 위해서는 젊은 세대들이 힘을 키워야 한다는 취지의 말씀을 드린 것으로 기억한다. 그런데 이야기 끝에 교장 선생께서 이런 말씀을 하셨다.

"자네에게 훌륭한 분을 소개하고 싶네. 자네 같은 젊은이들이 우리 사회의 희망일세."

그때 교장 선생께서 소개해주신 분이 바로 장리욱 박사였다. 나는 흥사단 사무실로 장리욱 박사를 찾아갔다. 장리욱 박사, 그분은 독립운동가이자 교육자였다. 해방 전에는 신사 참배가 발단이 되었던 동우회 사건에 연루되어 일제에 체포된 적이 있었고 해방 후에는 서울대학교 총장을 지내기도 했다. 내가 처음 뵌 그 무렵에는 흥사단 이사장으로 일하고 계셨다. 그분의 첫인상은 온화함이었다. 강한 카리스마를 뿜기보다는 인자한 할아버지처럼 온화한 미소를 띠고 있는 모습이 인상적이었다. 그리고 처음 뵈었지만 목소리나 표정, 제스처 등에서 학식과 인품이 물씬 풍기는 어른이셨다.

"젊은이들이 사회의 혼란에 휩쓸리지 말고 중심을 잡고 자기 길을 가야 하네. 우리 사회가 혼란스럽고 젊은이들의 앞날이 불안해 보이는 것은 사실이지만, 그럴수록 젊은이들이 자기가 할 일, 자기가 잘할 수 있는 일을 충실히 하면서 역량을 길러야 한다네. 그런 힘이 모이면 사회와 국가를 일으키는 큰일도 할 수 있는 것이지. 민족이 가야 할 길, 우리나라가 살아남을 수 있는 길은 그 길밖에 없다네."

해야 할 일, 잘할 수 있는 일을 찾아 힘을 길러라. 그리고 그 힘으로 사회를 변화시키고 민족의 살 길을 찾으라는 말씀은 젊고 혈기 왕성하던 나의 가슴에 깊이 새겨졌다.

그 후로 나는 1년여 동안 흥사단의 금요강좌에 나가 여러 사회 인사들의 강의를 들으면서 나름대로 "어떻게 살 것인가?" 하는 문제에 대해 깊은 성찰의 시간을 갖곤 했다. 당시 흥사단에서 민족 교육, 사회 교육의 일환으로 진행하던 금요강좌에는 신문사 필진 등 사회의 여러 저명인사들이 강사로 나왔는데, 그런 강좌들을 통해 나 또한 사회를 보는 눈을 기를 수 있었다. 무슨 일을 하더라도 원칙을 지키며 국가와 사회에 도움이 되도록 해야 한다는 생각도 그 무렵에 다져졌다.

또 나는 장리욱 박사의 책도 찾아 읽곤 했었는데 그분의 철학 중에 깊은 공감이 된 부분은 진정한 행복에 대한 것이었다. 진정한 행복이란 무엇인가. 그것은 거창하기보다는 소박한 것이었다. 대단한 업적이나 명예를 추구하기보다는 자기가 해야 할 일, 자기가 하고 싶은 일에 열정을 다하고 하나씩 성취하면서 보람을 찾다 보면 자연스럽게 얻어지는 것이 행복이었다.

굳이 신념이라고 거창하게 말할 것까진 없더라도 누구나 자기 인생의 방향을 이끌어주는 소박한 지표 하나쯤은 간직하게 마련이다. 거창한 인생 목표나 철학을 가질 수도 있지만 소박하게 자신만의 지향점을 찾을 수도 있다. 내 경우엔 장리욱 박사와 흥사단 활동을 통해 어떻게 살 것인가 하는 물음에 대한 나만의 지표를 형성해갔던 것 같다. 그리고 그 지표는 경영의 길을 걸어오는 평생에 걸쳐 내 가슴 속에서 지워지지 않고 있다.

눈앞의 이익에
양심을 팔지 않는다

"이번 건은 꼭 해야 합니다."

"하지 말게."

"그렇게 하지 않으면 계약을 성사시킬 수가 없어요."

"그래도 하지 마."

"놓치긴 너무 아까운 건인데요. 이번 건만 성사되면 금세 자리 잡을 수 있어요."

"……하지 말게."

종종 대리점 사장들과 이런 실랑이를 하곤 했다. 인터폰은 제품의 특성상 건설사를 상대로 한 영업이 많을 수밖에 없다. 그런데 건설사 영업은 이해관계자들이 많아 뇌물이나 부정한 거래가 비일비재했던 게 사실이다. 앞서도 이야기한 것처럼 내가 전화교환기 사업을 하다가 인터폰 사업으로 선회한 것 역시 뒷거래를 하며 부정한 방법으로 사업을 하지는 않겠다는 결단이었다. 당시 전화교환기를 제작하려면 우선 관청에서 허가를 받아야 할 뿐만 아니라 작업이 끝날 때까지 단계별로 여러 허가와 검사를 받아야 하는데 이 과정에서 뒷거래가 이뤄지지 않으면 담당 공무원들이 허가증이나 검사증을 내주지 않는 일이 있었다. 그런데 부정과 타협하기 싫어서 새롭게 시작한 인터폰 사업도 전화교환기만큼은 아니어도 부정의 고리가 여전히 상존하고 있었다. 그러다 보니 중앙전자 대리점 사업을 하는 점주들도 뒷거래의 유혹을 받을 수밖에 없었던 것이다.

그러나 나는 정도 경영을 바랐기 때문에 뇌물이나 뒷거래를 하면 계약을 딸 수 있다는 것을 뻔히 알면서도 대리점 사장들을 만류하곤 했다. 적어도 중앙전자의 이름을 달고 이뤄지는 사업에 관한 한 부정한 거래가 오가게 놔둘 수는 없었다. 하고 싶다, 하지 마라, 꼭 하고 싶다, 그래도 하지 마라…… 이렇게 실랑이를 벌이다가 결국은 내 뜻을 따라준 그네들에게 항상 감사한 마음이었다. 그만큼의 매출과 이익을 포기한 것이니 말이다.

"정직하게 사업하게나. 뒷거래는 하면 안 되네. 정직하지 못하면 온당치 못한 거야. 그렇게 돈 벌어서 무슨 의미가 있겠나? 탈세도 절대로 하지 말게. 기업인으로서 나라를 위해 세금이라도 성실하게 내야지. 애국이 별 거겠는가."

내가 대리점 사장들에게 늘 강조한 말이었다. 애국이 별 건가. 정정당당한 방법으로 건실한 기업을 키우면 그게 애국이고, 그 기업이 국가 발전에 기여하고 후손들의 먹거리에 기여할 수 있다면 그것이 사회 기여다. 좀 고루해 보이는 생각인지 모른다. 어차피 내 나이

여든이 가까우니 젊은 사람들이 듣기에 좀 고루해 보이는 이야기라도 양해해주기 바란다. 그러나 정의나 진실은 과거나 이제나 변하지 않는 것들이다. 도덕 선생 같은 말이지만 나는 그러한 생각들로 항상 가슴이 뜨거웠다. 내 안에는 젊은 시절에 장리욱 박사로부터 영향을 받아 새겨진 삶의 지표가 있었고, 사업을 하는 동안에도 늘 그 지표를 바라보았다.

다시 내가 대학을 다니던 1960년 전후 무렵으로 가보자. 당시 나는 장리욱 박사의 가르침뿐만이 아니라 흥사단 금요강좌 등의 활동을 통해 평소부터 흠모하던 도산 안창호 선생의 철학과 민족정신을 배울 수 있었고, 가난한 나라에 태어난 전후세대 젊은이로서 무슨 일을 하더라도 국가와 민족의 앞날에 도움이 되도록 정도를 걸어야겠다는 생각이 점점 깊어졌다.

그러나 뜨거운 가슴으로 사회를 보면 암담하기 이를 데 없었다. 사사오입 개헌을 강행했던 이승만 정부는 1960년 3월 15일 부정선거로 재집권을 시도했다. 이것이 기폭제가 되어 4·19 혁명이 일어났다. 수많은 시민들과 학생들이 "선거 무효와 자유당 정권 퇴진!"을 외치며 전국 각지에서 항의 시위를 벌였다. 계엄령이 선포되었지만 민주화운동의 불길을 꺼트릴 수는 없었다.

당시 한양대학교 수학과 과대표를 맡고 있던 나 역시 데모 대열의 선두에 섰다. 6·25전쟁에서 4·19 혁명까지 우리나라 최고의 격동기를 온몸으로 겪은 우리들은 저마다 애국의 DNA를 가슴에 품고 있었다. 비참한 현실을 눈으로 목격한 젊은이로서 어찌 정의감에 불타지 않을 수 있었겠는가.

그러한 정의감은 그 후로도 내 안에서 떠나지 않았다. 이후 이승만 전 대통령이 하야하고 민주당 정부가 들어선 이후 문리대 학생회장을 지내면서도, 대학 졸업 무렵 지도 교수님의 제안을 받아 교수의 길을 망설일 때도, 정치권으로부터 정당 활동을 제안받아 정치의 길을 잠시 고민할 때도 그랬다. 그러나 교육자의 길도 정치인의 길도 나의 길이라는 생각이 들지 않아서 마침내 사업의 길을 선택했을 때도 내 마음 한구석에는 정도만을 걸으며 기업 경영을 통해 국가의 산업을 일으키고 경제 발전에 이바지하겠다는 각오가 있었다. 굳이 이름을 붙이자면 그것을 나는 '정도 경영'이라 부르고 싶다.

그러니 전화교환기 사업을 하면서 뒷거래로 타협할 수 있었겠는가. 더욱이 인터폰 사업을 하면서 대리점들에게 탈세나 뒷거래를 허용할 수 없었다. 비록 이보다 더 큰 대기업을 일구진 못했으나 언제나 정도 경영의 길을 걸어오고자 노력했다고 자부한다. 물론 정도 경영은 편한 길, 유리한 길이 아니다. 때로 그 반대로 불편하고 불리하기 쉬운 길이다. 그럼에도 불구하고 나는 눈앞의 이익보다는 항상 가치 있는 경영을 추구하며 앞으로도 그렇게 살아가고 싶다.

한결같은 믿음으로
함께해야 한다

|

　사업 초창기 때부터 나는 고객 만족, 고객 감동을 강조해왔다.
고객 만족의 기본은 역지사지에서 나온다. 입장을 바꿔서 즉 고객의
입장에 서서 고객은 무엇을 원하는지 생각해보면 고객 관리를 어떻
게 해야 하는지 답이 나오는 법이다. 그런데 나는 고객을 단순히 최
종 소비자에 국한해서 생각하지 않았다. 제품을 취급하거나 판매하
는 대리점, 하도급업체, 원부자재 공급업체도 나의 고객으로 여겼다.
더 나아가 단순히 팔고 사는 거래 관계로 보지 않고 한 배를 타고 사
업을 하는 파트너이자 동반자로 여겼다. 그들과 나는 중앙전자의 제
품을 매개로 해서 이어져 있고, 그들의 성공이 곧 나의 성공이 되고
나의 성공이 곧 그들의 성공이 되는 공동운명체라는 것이 대리점을
대하는 나의 가장 기본적인 철학이었다. 그러한 철학은 대리점 구축
초창기부터 지금까지 한결같이 이어지고 있다.

　중앙전자는 일찍부터 대리점을 두고 전국적인 유통망을 갖춰 나
갔다. 자본금이 넉넉하지 않았기 때문에 무턱대고 지사를 세울 수
없는 상황에서 대리점 설립은 상당히 효율적이고 안정적인 방안이었

다. 다행히 우리 제품에 대한 인지도가 있어서인지 전국에서 대리점을 개설하겠다고 나서는 사람이 제법 많았다. 그중에는 중앙전자 인터폰이 날개 돋친 듯 팔려나가고 있으니 대리점 사업을 해서 돈 좀 벌어보겠다고 덤비는 사람들도 있었다.

그래서 나는 신설 대리점을 희망하는 사람들에게 우선 사업에 대한 장밋빛 환상을 심어주기보다는 현실적으로 어려운 점이 어떤 것들이 있는지 조목조목 설명을 해주었다. 또한 다음과 같이 강조했다.

"중앙전자 제품을 가지고 한탕하듯 돈 벌어보겠다는 생각이라면 아예 사업을 시작하지도 말게. 대신에 정말 열심히 일하면서 함께 해볼 마음이라면 외상으로라도 물건을 대주겠네. 결제 날짜도 자네 스스로 지킬 수 있는 날로 정하게. 대신에 그 날짜만큼은 칼같이 지켜야 하네. 신뢰는 거저 쌓이는 게 아니야. 약속을 지킴으로써 쌓아가는 거지."

대개의 기업에서는 대리점을 낼 때 무엇보다 재정적인 능력, 안정도를 최우선적으로 보았지만 중앙전자는 달랐다. 처음부터 1,000만 원 상당의 물건을 당장 현금으로 구입해서 장사를 하겠다는 사람보다는 돈이 없거나 고작 몇 십만 원어치의 물건만 가져갈지라도 회사의 방침과 철학을 공유하며 성실하게 영업을 할 준비가 되어 있는 사람을 원했다. 당시 1,000만 원이라면 결코 작은 돈이 아니었다. 그럼에도 지원자의 재정 능력보다 경영 마인드를 더 우선적으로 보았고, 서로 믿고 함께할 수 있는 사람들만 대리점 사장으로 선택했다.

그것은 마치 배우자를 고르거나 평생지기 친구를 고르듯 진지한 과정이어서 나 혼자만의 생각으로는 불가능했고 서로 이심전심 마음이 통해야 가능했다.

서로 믿는다는 전제에서 하는 것이니 담보 하나 받지 않고 계약 문서 한 장 남기지 않은 채 구두 계약만으로 대리점을 내주곤 했다. 그러다 보니 "중앙전자 대리점은 돈만 가지고는 할 수 없다"는 말이 생기기도 했다.

이렇게 객관적으로 볼 때는 다소 불안하리만큼 쉽게 대리점을 허락해주자 회사 경리부에서는 반대 의견이 좀 나왔다. 돈 들고 찾아와서 대리점을 개설하겠다는 희망자가 줄을 섰는데 구태여 재정 능력도 없는 사람에게 대리점을 맡길 이유가 있느냐, 굳이 그런 사람과 계약을 하겠다면 만일의 경우를 대비해서 최소한의 담보라도 확보해두는 게 안전하지 않겠냐는 말이었다. 경리부로서는 당연한 염려였고 그 말도 일리가 있었지만 나는 이익이나 돈보다는 믿음이 중요했고 그 믿음을 '믿고' 싶었다. 그래서 이렇게 설득하며 나의 뜻을 굽히지 않았다.

"아닐세. 돈보다는 열심히 하려는 의지와 성실성, 고객에 대한 투철한 서비스 정신을 가지고 있는 사람이 성공할 수 있는 걸세. 그러니 그런 철학을 공유하고 함께 원칙을 지켜나갈 수 있는 사람과 함께 가야 하는 거지. 돈이야 앞으로 같이 벌면 되지 않겠나?"

참으로 고맙게도 그렇게 믿고 대리점을 내준 이들은 대부분 신뢰와 약속을 저버리지 않았다. 특히 중앙전자 직원으로 있다가 대리점을 차린 경우가 많았는데, 나는 회사에 필요한 인재가 퇴사해서 대리점을 차린다고 해서 말리거나 하지 않았다. 기업은 인재를 키우고 인재의 성장을 도와야 한다고 믿기 때문에 굳이 우리 회사에만 묶어두지 않겠다는 마음이기도 했거니와, 직원이었던 사람이라면 누구보다 중앙전자 대리점 사업을 하기에 적합한 인재라고 생각했기 때문이다. 제품에 대해서도 해박하고 중앙전자의 고객 관리 철학도 자연스럽게 공유하고 있으니 말이다. 그래서 직원들이 대리점을 차리는 것을 오히려 적극 독려하고 힘껏 밀어주었다. 사업자금이 부족하다고 하면 돈도 빌려주고, 퇴직금도 규정된 기한이 되기도 전에 일찌감치 받아갈 수 있도록 배려해주었다. 이렇게 믿어주면 그들은 나의 믿음에 어긋나지 않게 영업 활동을 펼치고 고객을 섬기며 사업을 해주곤 했다.

물론 모든 사람이 그랬던 것은 아니다. 간혹 경쟁사의 러브콜 유혹에 넘어가 우리 사업을 두고 다른 대리점을 차리는 등 이익에 눈이 어두워 믿음을 저버린 사람들도 가끔 있었다. 한번은 나의 우려에도 불구하고 다른 회사 대리점까지 차려 사업을 확장했다가 부도를 맞은 친구가 다급해지자 다시 나에게 전화를 걸어온 적이 있었다. 그때도 나는 박대하지 않았다.

"이보게 내 3개월 정도 버틸 수 있는 돈을 좀 보내줄 테니 어찌해서든지 구속만은 피하도록 하게나. 들어가 있으면 어떻게 남은 문제들을 해결하겠나. 가족들도 건사하고 사업도 다시 일으켜야 하니 모쪼록 몸조심하게나."

수화기 너머로 울컥하는 그의 목소리에 나도 울컥해졌지만, 안타깝게도 그는 다시 사업을 일으키지는 못했다. 비록 나를 배신하기는 했어도 옛정을 생각하면 마음이 아픈 일이다.

여하간 사람을 믿는다는 것은 기분 따라 상황 따라 믿었다 안 믿었다 하는 것이 아니라 처음부터 끝까지 한결같은 마음으로 믿어주는 것이다. 배신을 당하는 일이 생길 수는 있지만 그렇다 하더라도 사람에 대한 믿음을 저버리면서까지 경영할 수는 없다. 믿지 못하는 사람과 어떻게 일을 할 수 있겠는가. 믿지 않으면 일을 맡기지 말고 일을 맡긴 이상 끝까지 믿어야 한다. 설령 그 끝이 배신으로 돌아온다 할지라도 크게 믿어주면 작은 배신에 내 사업이 흔들리지는 않으리라.

경쟁자가 있어야
경쟁력이 생긴다!

|

흔히 성공을 타인과의 경쟁에서 승리하는 것이라고 생각한다. 물론 틀린 말은 아니다. 코맥스가 언제나 일류 기업, 세계 최고 기업을 지향하고 달리는 것 또한 다른 기업과의 경쟁에서 우위를 점하기 위한 것이니 말이다. 그러나 경쟁자를 모두 이기고 시장에서 독주를 하는 것이 과연 성공일까? 자기 혼자 독보적인 위치에 가야 성공인 것 같지만 길게 보면 독주보다는 건전한 경쟁이 살아 있을 때 우리는 더 성장한다. 경쟁하는 대상이 없으면 안일과 나태에 빠지기 쉽지만 경쟁자가 있을 때는 전력을 다해 자신의 잠재력을 끌어올리기 때문이다. 그러니 경쟁을 벌이는 라이벌이야말로 나에게 꼭 필요한 존재가 아니겠는가.

1970년대 말. 그러니까 중앙전자가 인터폰 시장의 85%를 차지하고 있을 때였다. 전국에 대리점망 구축도 어느 정도 완비가 된 데다 때마침 중동 건설 붐까지 일어 그야말로 우리 사업이 순풍에 돛을 단 듯이 확장 일로를 달리고 있었다. 중소기업뿐만 아니라 대기업까지 인터폰 사업에 군침을 흘리면서 시장에 뛰어들었지만 이미 시장을 선점하고 있는 우리 중앙전자의 높은 기술적 장벽과 시장 신뢰의 벽을 넘지는 못했다. 인터폰 시장에서 중앙전자는 최강 일인자였을 뿐만 아니라 대적할 자가 없는 독주 체제를 질주하고 있었다. 중앙전자의 승승장구가 이어지자 몇몇 회사로부터 이런 제안이 들어왔다.

"변 사장님. 우리 회사를 인수하시는 게 어떻겠습니까? 저희는 중앙전자와 경쟁이 되지 않으니 차라리 회사를 파는 게 낫겠다는 생각이 듭니다. 그러면 중앙전자가 시장을 완전히 차지할 수 있으니 변 사장님도 이익이 되지 않겠습니까?"

과연 다른 회사들을 인수해서 완벽한 독점을 이루는 것이 중앙전자에게 이익이 될까? 얼핏 보면 경쟁업체를 흡수하는 것이 유리하다고 생각할 수 있겠지만 나의 대답은 "NO"였다.

사실 그런 제안을 받기 얼마 전에 우연히 우리 직원이 거래처와 통화하는 것을 목격한 적이 있었다. 우리 직원은 새파랗게 젊은 계장이었고 상대는 모 건설사의 상무급 임원이었음에도 불구하고 우리 계장이 큰소리를 치고 있는 것을 보게 된 것이다.

"지불 조건이 나빠서 물건을 공급하기가 곤란한데요? 돈 먼저 내놓으시오. 그러면 물건 공급을 고려해보겠소!"

그 건설사는 한번에 4,000세대 이상의 인터폰을 공급하는 대규모 건설을 추진하고 있었는데, 그만한 물량을 공급할 수 있는 인터폰

회사는 중앙전자밖에 없었으니 우리 담당자가 오만해져서 우리 회사보다도 훨씬 큰 건설회사의 임원인 데다 자기보다 나이도 훨씬 많은 거래처 상무에게 큰소리를 치고 있었다. 당시 그 건설사는 대규모 공사를 진행하느라 자금 회전이 어려운 상황인데 우리 직원이 현금 선납을 하라고 나오자 무척 당황스러워했다. 우리 물건을 쓰자니 현금이 부족하고 안 쓰자니 다른 공급업체를 구할 수 없었기 때문이다.

평소에 늘 고객 신뢰를 직원들에게 강조했음에도 그런 태도를 보이는 직원이 있다는 데에 나는 적잖이 충격을 받았다. 또한 고객은 왕인데 그렇게 함부로 대하니, 이대로 가다가는 우리 회사가 내부에서부터 무너질지 모른다는 위기감마저 들었다. 문제의 원인은 중앙전자가 시장을 독점적으로 장악하고 있다는 데에 있었다.

결국 그 건설사와의 거래는 내가 나서서 성사시킬 수 있었지만 그 일은 두고두고 뇌리에서 지워지지 않았다. 나는 시장에서 독주를 하는 독점 체제가 결코 우리 회사와 우리 직원들에게 도움이 되지 않는다는 사실을 가슴 깊이 새겼다.

그래서 회사 인수를 제안받았을 때 망설임 없이 "NO"라고 답할 수 있었던 것이다. 경쟁업체를 흡수해서 시장을 독점한다면 내부적인 문제가 더 커질 게 분명했다. 안 그래도 거래처에 큰소리를 치는 일들이 벌어지고 있는데 그나마 있던 경쟁업체마저 사라진다면 어떻게 되겠는가? 애써 영업을 하러 뛰어다니지도 않을 것이고 더 안일해질 수밖에 없을 것이다. 경쟁자 없이 독주한다는 것은 위험천만한 일이었다. 겸손한 열정을 잃어버린 조직이 어떻게 경쟁력을 유지할 수 있겠는가?

나는 경쟁업체를 흡수하는 대신, 오히려 그 경쟁업체들을 돕는 방향으로 경영 전략을 선회했다. 경쟁업체와 가격 전략을 달리한 것이다. 우리는 비싸게 받고 그들은 저렴한 가격을 유지하자 예상대로 그들이 우리 시장을 조금씩 점령해 들어오기 시작했다. 그렇게 마켓을 나눈 것이 오히려 우리가 살아남는 길이었다.

경쟁업체가 조금씩 성장하자 이번에는 중앙전자 내부에서 긍정적인 변화가 일어났다. 우리 회사가 독주할 때는 안주하려는 분위기였는데 경쟁업체가 치고 올라오니까 긴장감 있는 열정이 되살아나기 시작한 것이다. 생산 라인 문제, 품질관리 문제, 디자인 개발 등 여러 각도에서 경쟁업체와 차별화하기 위한 전략들을 내놓았다. 그러한 긴장감이 다시 성장으로 이어졌고 경쟁업체와 우리는 서로를 견제하면서 함께 살아남을 수 있었다.

우리의 삶은 우리를 둘러싼 모든 것과 알게 모르게 연결되어 있고 서로 도움을 주고받는다. 심지어 경쟁자까지도 나의 성장과 생존을 위해 꼭 필요한 소중한 존재인 것이다.

평소에 동행하면
어려울 때 상생한다!

우리나라 경제에서 누구나 기억하는 몇 번의 고비 중에서 가장 대표적인 것은 석유파동 일명 1, 2차 오일쇼크와 IMF 외환위기일 것이다. 물론 2008년 금융위기도 있었지만 석유파동이나 IMF 외환위기가 우리 경제에 미친 충격에 비할 바는 아니었다. 지금 젊은 세대들은 경험하지 못했지만 중년 이상의 세대들은 제법 선명하게 기억하고 있는 IMF 외환위기는 사실 그리 오래된 일도 아니다.

1997년 겨울, 정부는 금융위기를 벗어나기 위한 방편으로 국제통화기금 (IMF, International Monetary Fund)으로부터 지원을 받기로 결정했다. 이른바 IMF 외환위기가 닥친 것이다. 그때부터 몇 년 동안 온 나라 경제가 엄동설한처럼 위태롭고 추운 시절을 보내야 했다.

코맥스 거래처 중에도 부도를 맞는 경우가 많았다. 우리 회사는 어음을 발행하지 않았지만 거래처에서 어음을 발행해놓고 부도가 나는 경우가 왕왕 있어서 불안한 나날이 이어지기도 했다. 특히 우리의 주요 거래처는 건설사들이었는데, 당시엔 건설사들이 하루에 한 회사씩 부도가 나던 상황이었다. 건설사 부도가 하루 한 건씩 발생하고 구조조정, 급여 삭감, 사업 축소 등을 단행하는 기업도 많았다.

분위기가 이렇게 흐르자 하루는 코맥스 전 직원이 상여금을 자진 반납하겠다며 나서기도 했다. "함께 위기를 극복해 나가겠다는 뜻에서 상여금을 자진 반납하겠습니다"며 돈을 들고 온 것이었다. 내가 그 돈을 어떻게 받겠는가. 안 될 말이었다. 그래서 나는 그 돈을 다시 돌려주면서 이렇게 말했다.

"코맥스 식구들의 사기 진작을 위해서라도 상여금은 꼭 필요합니다. 그러니 여러분의 마음만 감사히 받고 이 돈은 돌려주겠소. 함께 고비를 잘 넘겨봅시다!"

국내 코맥스 식구들뿐만이 아니었다. 세계 각국에서 도움을 주겠다는 전화가 걸려왔다. 바로 해외에 있는 코맥스 에이전트들이었다. 어떤 이는 당장 10만 달러를 보내주겠다고 했고, 누구는 달러가 필요하면 언제든지 연락을 하라고 미리 당부를 해주는 이도 있었다. 무조건 돕고 싶다며 걸려온 전화도 있었다. 참으로 가슴이 뭉클해지는 순간이었다. 전 세계가 한국의 경제 상황을 주시하던 때라 그들도 여러 소식통을 통해 한국의 상황을 알고 있었고 코맥스와 나를 걱정해주고 있었던 것이다. 그들에게 나는 감사의 마음을 전하며 이렇게 말했다.

"정말 고맙소. 그러나 공짜 돈은 받지 않겠습니다. 대신에 우리 물건을 좀 사주십시오. 물건 대금으로 달러를 주시면 큰 도움이 되고 저도 떳떳하지 않겠습니까?"

그들은 망설일 것도 없이 "오케이!" 하며 코맥스의 물건을 주문해주었다. 새로운 주문을 받은 코맥스의 공장은 더 바빠졌다. 환율이 수직 상승하던 때라 해외 매출은 보통 때보다 훨씬 큰 호황을 우리에게 가져다주었다. 에이전트란, 엄밀히 따지면 비즈니스 관계에 있는 사람들이다. 그러나 오랜 거래에서 쌓인 신뢰는 이미 비즈니스 관계를 넘어 친구 사이의 우정처럼 변해 있었던 것이다.

사실 코맥스의 역사는 품질관리와의 싸움이었다고 해도 과언이 아닐 정도로 불량이 없는 기술 발전을 위해 고군분투해왔다. 그래서 우리 제품의 기술력과 품질은 타사에 비해 월등하다고 자타가 공인하는 바였지만 그럼에도 불량이 발생하는 일이 몇 차례 있었다. 그러나 불량이 발생했을 때는 언제나 손해를 무릅쓰고 전량 교체해주었고 그런 과정을 통해 해외 에이전트와의 관계가 더욱 돈독해지곤 했다. 거래를 넘어 인간적인 신뢰가 쌓였기 때문이다.

코맥스의 해외 에이전트들이 IMF 외환위기 때 보여준 끈끈한 정은 그러한 신뢰를 바탕으로 나온 것이라 생각한다. 오랜 동반자 관계에서 보면 기업이 어려워질 때도 있고 오해가 발생하거나 불량품이 나올 수도 있다. 그럴 때 기업에 대한 신뢰나 경영자 개인에 대한 신뢰가 없다면 거래는 바로 중단되기 십상일 것이다.

IMF 외환위기로 인해 기업이 쓰나미를 만난 듯 줄도산하는 사태 속에서도 코맥스는 나름 그 시기를 안정적으로 넘겼다. 위기는커녕 호황을 누렸다고 말할 수 있을 정도다. 국내 건설 경기가 침체되어 국내 매출은 하락했지만 상호보완이라도 하려는 듯 해외 매출은 성장을 멈추지 않았기 때문이다. 당시 달러 가치가 몇 달 사이에도 두세 배나 올라갈 정도로 급상승하던 때였으니 해외 매출이 현상 유지만 되어도 실제 이익이 커지는 데다, 해외 에이전트들이 돕겠다고 나서준 덕에 해외 시장이 성장을 멈추지 않았던 것이다.

이 모든 것이 상생 경영의 결과라 생각한다. 서로를 동반자로 여기고 그들에게 베풀면서 신뢰를 주면 내가 어려울 때 친구가 되어주는 것이다. 상생이란 이런 것이 아니겠는가. 평소에 동행하면 어려울 때 상생이 되는 법이다.

상생의 다른 이름 '情'

너도 나도 '함께'를 외치는 시대다. 혼자서는 멀리 갈 수 없음은 굳이 "멀리 가려면 함께 가라!"는 아프리카 속담에서 배우지 않더라도 살다 보면 누구나 깨닫게 되는 것이다. 이것은 과학기술의 발전 흐름을 봐도 궤를 같이 하는 듯하다. 이른바 지금은 융합의 시대다. 한 가지 과학기술로는 한계가 있는 반면에, 여러 과학기술, 여러 산업 분야가 융합을 하면서 무궁무진한 가치를 창출해내고 있다. 4차 산업혁명이라는 것도 결국 기술과 기술의 융합에서 촉발된 것이 아닌가. 기술의 융합에서 촉발된 4차 산업혁명이 모든 것을 연결하여 초연결된 지능정보사회를 만들고 있다. 마치 4차 산업혁명이 우리네 인생사가 혼자서는 안 된다는 것을 반증이라도 해주고 있는 것 같다.

여하튼 키워드는 '상생'이다. 함께 어우러져 융합해야 서로 살아남을 수 있다. 그런데 우리나라 산업 생태계를 보면 사실 우려스러운 부분이 크다. 대기업의 독주 속에서 중소기업의 설 자리가 계속해서 작아지고 있기 때문이다. 해외 선진국을 보면 구글, 아마존과 같은 대기업들은 타 기업들이 사용해 사업을 확장시킬 수 있는 플랫폼을 개발하여 자사뿐만 아니라 산업 전반의 성장을 견인해주는 역할을 하고 있다. 하지만 우리나라 대기업들은 자기들의 자본과 인프라를 활용해서 중소기업이나 스타트업들의 영역까지 먼저 진입하여 선점하곤 한다. 그런 실정이니 중소기업이나 벤처기업들이 산업계에서 자리 잡을 수 있는 여지가 그만큼 줄어들고 있다. 대기업에게는 대기업의 먹거리가 있는데 대기업이 중소기업의 사업 영역까지 다 독식한다면 어떻게 중소기업이 살아남을 수 있겠는가. 그래서 나는 문재인 대통령이 중소벤처기업인을 초대한 청와대 만찬 자리에서도 그러한 점을 감안해서 이렇게 건의했다.

"대기업들이 대규모 투자가 필요한 인공지능(AI), 플랫폼 서비스 개발에 앞장서고 중소기업들은 이와 연계된 제품 및 기기를 제조해야 건전한 생태계를 구축할 수 있습니다."

나는 상생이라는 것이 아주 거창한 일이라고 생각하지 않는다. 그저 사람 사는 '도리'이면서 '정'이라고 생각한다. 2000년대 들어 코맥스의 가장 큰 변화라면 코스닥 상장일 텐데, 코스닥 상장을 준비하는 과정에서 직원들에게 자사주(自社株)를 나눠주도록 한 것 또한 그동안 같이 동고동락한 직원들에 대한 격려이자 정이었다.

당시 기업공개 준비 과정에서 발생하는 자사주를 직원들에게 우선적으로 배분하기 위해 '우리사주조합'을 결성하고 조합에 가입할 직원들을 모집했다. 이는 우리사주조합을 통해 자사주를 분배함으로써 종업원들의 재산 형성에 도움을 주기 위함이었다. 직원들 중에는 초창기 때부터 함께해온 친구들이 많았고, 꼭 초창기에 입사한 경우가 아니더라도 어려운 시절 인내하며 회사와 함께해준 직원들에게 작은 보답을 하고 싶었다.

처음엔 5,000원 하던 주가가 금세 18만 원을 넘어서자 실제로 보유 재산이 크게 늘어난 직원들이 꽤 많이 생겼다. 작게는 몇 천만 원에서 크게는 억대 이상의 수익을 본 경우까지 다양했는데, 오래된 직원일수록 직위가 높을수록 큰 이득을 보았다. 그것을 현금화하기 위해 퇴사하는 경우가 좀 있어서 유감스러웠지만 그래도 많은 직원들이 자사주를 통해 나름대로 자산을 늘렸으니 보람이 있는 일이었다.

또 코맥스 대리점주들과의 관계도 마찬가지이다. 코맥스 대리점주들과 본사는 상당히 긴밀한 유대를 자랑하는데 이 또한 오랜 세월 동안 쌓인 정이 있기 때문이다.

사람 사는 정이라는 것은 아주 작은 관심에서 시작된다. 그래서 평소에 나는 종종 대리점주들에게 전화를 걸어 안부를 묻곤 했다. "이 사장 잘 지내는가?", "김 사장, 요새 사업에 어려움은 없는가?" 이런 식으로 안부를 묻곤 하는 것이다. 짬이 날 때면 아니 일부러도 짬을 내서 잊을 만하면 한 번씩 대리점 사장들에게 전화를 걸었다. 그네들의 말을 빌리자면 처음엔 담당 직원도 아닌 회장이 직접 그것도 사적으로 전화를 걸어와서 깜짝 놀랐다고 말했다.

그러나 나로선 아주 당연한 관심이자 소박한 정이었다. 나는 언제나 그들과 내가 동행하고 있다고 생각했다. 나는 당신을 기억하고 있고 여전히 당신의 성공을 기원하고 있다는 그런 표현이었다. 내가 회장이고 상대가 대리점 사장이다 보니 전화 한 통이 갖는 효과랄까 영향은 사뭇 더 크겠지만 꼭 회장과 대리점 사장 관계가 아니더라도 작은 관심이 갖는 힘은 적지 않을 듯하다.

우리 집에는 귀여운 애완견 한 마리가 함께 살고 있는데 녀석의 이름은 '쿠키'이다. 녀석은 내가 어느 기업의 회장인지 몇 살인지도 잘 모른다. 그 녀석이 알고 있는 것은 그저 내가 자기를 퍽 예뻐한다는 사실 그거 하나뿐이다. 출근할 때는 문까지 따라 나오고 퇴근해서 들어가면 누구보다 먼저 반갑게 달려 나온다. 솔직히 집사람보다도 나를 더 반가워하는 것 같기도 하다. 또 휴일에 아침햇살이 밝도록 내가 일어나지 않으면 어느새 내 방문 앞에 와서 소란을 피우다가 좀 시간이 지나면 아예 발톱으로 문을 박박 긁어대며 성을 낸다. 어서 일어나 먹을 것을 좀 달라는 것이다. 코맥스 어느 직원이 나한테 그렇게 허물없이 앙탈을 부릴 수 있겠는가. 사료를 주고 나서 내가 신문을 보거나 책을 보면 슬그머니 물러가 혼자서 논다. 그렇게 혼자서 놀다가도 한 번씩은 내가 뭐하나 슬쩍 보고 간다.

미물인 짐승도 정을 주면 마음을 연다. 그러니 사람 사이의 관계도 사업도 상생하려면 먼저 정을 주어야 한다. 상생은 그냥 입으로만 외치는 구호가 아니라 실천이다. 요즘 젊은 사람들이 즐겨 하는 말 중에 "사랑은 명사가 아니라 동사"라는 말이 있다고 하는데 내가 봐도 참 공감이 가는 말이다. 정이 있어야 신뢰가 더 돈독해지고 진정한 동행이 이뤄질 수 있다.

인재 경영이
가치 경영

|

    돈이 종종 사람의 눈을 가린다. 작은 돈에는 마음을 비우고 함께 나누던 사람들도 큰 이익 앞에는 눈이 흐려지고 만다. 돈으로 눈을 가리면 처음엔 앞만 안 보이지만 나중엔 친구, 심지어 자식이나 부모도 못 알아볼 정도로 막강한 위력을 발휘한다. 그래서 우리는 항상 돈보다 보이지 않는 것들의 가치, 정말로 중요한 가치들에 대한 기준을 잃지 않도록 경계해야 한다.

    혹자는 이런 나에게 "당신은 사업을 해서 그래도 보통 사람보다는 재산을 좀 모았으니 그런 여유 있는 소리를 한다"고 비아냥거릴지 모른다. 그렇게 생각할 수도 있다. 그러나 역설적으로 돈에 연연하지 않아서 기업을 지금까지 경영해올 수 있었는지도 모른다. 돈을 따라가면 돈은 달아난다. 돈이 나를 따라오게 하는 것이 현명한 일이다.

    소싯적에 그러니까 앞서 말했듯 초창기에 인터폰 영업을 하며 현장을 누비던 시절, 그때는 신용카드도 없고 해서 무조건 현찰이 오고 가곤 했는데 돈뭉치를 받아 사무실에 들어와서도 직접 세어본 적이 거의 없었다. 그저 경리 직원에게 넘겨주고는 다시 필드로 나가곤 했다. 역설적이게도 사업을 일으키려고 가장 발버둥치던 그 시절에 나는 가장 돈에 관심이 없었다. 빚의 압박 때문에 자살까지 생각했다가 다시 사업을 시작했음에도 불구하고 말이다. 돈보다는 일 자체에 푹 빠져 살았던 것 같다. 고객의 마음을 열기 위해 열변을 토하고 계약을 따내는 성취감, 뭔가 하나하나 이뤄가고 있다는 기쁨. 더 나아가 나에게는 기업을 통해 가치 있는 일, 국가 경제 발전에 기여하고 있고 또 기여할 수 있다는 '묵직한 만족감'이 있었다.

또 하나의 큰 기쁨은 바로 '인재 양성'이었다. 인재 양성은 경영자가 할 수 있고 또 해야 하는 가장 가치 있는 일이자 가장 실질적으로 이익이 되어 돌아오는 투자이기도 하다. 어려운 시절에도 부모들이 논밭 팔아 자식을 대학 보내곤 하던 우리 사회의 교육열은 사실 우리나라 경제를 키우는 큰 동력이 되어주지 않았던가.

그래서 나 역시 초창기부터 자식을 교육시키는 부모 같은 마음으로 직원들 교육에 상당히 신경을 많이 썼다. 학력보다는 인성을 보고 채용하자는 것이 기본적인 원칙이었고 더 나아가 인성만 바르다면 즉 열심히 하려는 의욕이 있고 성실하다면 계속해서 공부를 해나갈 수 있도록 배려했다. 그래서 우리 회사에는 유독 야간대학교를 다니는 직원들이 많았고, 학교 가는 날이면 조금씩 일찍 퇴근을 하는 것 정도는 기꺼이 양해를 해줘서 편한 마음으로 공부할 수 있도록 했다.

중소기업은 대기업보다 직원 교육이 더 중요하다. 최고 엘리트 인재들은 대부분 대기업을 선택하기 때문에 우리 같은 중소기업의 경우에는 훈련을 시켜서 인재를 만들어가는 측면이 크다. 그러나 인재를 키워놓아도 대기업에 빼앗기는 일이 비일비재하다. 코맥스의 경우 장기근속자가 다른 기업에 비해 월등히 많은 편이긴 하다. 한번 입사하면 수십 년을 함께하면서 서로 인생의 응원자가 되어주곤 하는데, 그럼에도 인재를 키워놓고 대기업에 빼앗기는 일이 종종 있었다.

한번은 아끼던 직원 하나가 대기업의 러브콜을 받았다. 코맥스 해외 영업에서 경력을 쌓은 친구였는데 모 대기업에서 우리와 똑같은 해외시장 진출을 앞두고 경험이 많은 우리 직원을 스카우트하려 한 것이다.

"자네 인생에 도움이 된다면야 내가 말려서야 되겠는가. 그러나 내 충고하네만 길어야 3년 짧으면 1년이야. 그 사람들이 자네 경험과 노하우만 익히면 끝날 거란 말일세."

그게 현실이었다. 중소기업의 훈련된 인재를 빼가서 한시적으로 활용하는 일이 다반사였으니 말이다. 이런 일을 겪다 보면 우리 직원 교육에 투자하는 것이 남 좋은 일만 시키는 결과가 되는 것 같다는 생각도 든다. 그래서 직원 교육에 뭐 그리 애를 쓸 필요가 있겠냐고 말하는 사람도 있지만 그럴 때마다 나는 이렇게 말해준다.

"어찌되었든 대기업에 가서 능력을 발휘하면 그 또한 국가 경제에 기여하게 되는 것이니 인재를 키우는 일이 헛농사는 아니잖소?"

그런 것이다. 비록 가슴이 쓰리긴 하지만 잘 키운 인재가 우리나라 어디에서든지 능력을 발휘하면서 일을 하게 된다면 그 또한 좋은 일이니 어디서든 잘되길 바란다. 그것이 간접적으로 국가 발전에 기여하게 되는 것이니 그도 좋고 나에게도 좋은 일이라 생각한다. 그렇게 우리네 인생은 때론 서운할 수도 있지만 그럼에도 서로 도움을 주고받으며 가는 것이려니 생각한다.

기업을 경영하는 사람이 해야 하는 일 중에서 가장 가치 있는 일은 인재 양성이라는 사실은 변하지 않는 진리이다. 누구든지 코맥스에 들어와, 자신의 역량을 업그레이드시키면서 맘껏 일할 수 있도록 해주는 것, 신명나는 일터를 만들어주는 것 그것이 내가 끝까지 고민해야 하는 과제이며, 그들의 얼굴에 뜨거운 땀방울과 일하는 즐거움이 넘치는 모습을 보는 것이 또한 나의 기쁨이다. 이것이야말로 나를 행복하게 해주는 '묵직한 만족감'이 아니겠는가. 남은 세월 그러한 묵직한 만족감을 계속 느끼며 살아가고 싶다.

가치 있는 일을 해야
보람이 있다

나의 길은 어디에 있을까? 모든 청춘들의 영원한 화두이리라.

나 역시 그러했다. 대학을 졸업한 후에 군 복무를 한 나는 제대 후 복학이 아니라 바로 사회생활을 시작해야 했으니, 제대 무렵 '생각'이 많았다.

나름대로 한 가지 마음에 둔 바가 있긴 했다. 그것은 농촌 계몽 활동이었다. 대학 시절, 농촌 봉사활동을 다니면서 품게 된 마음이기도 했고 장리욱 박사와의 인연과 흥사단 활동의 영향으로 뭔가 국가와 우리 사회를 위한 일을 해야겠다는 다짐을 갖게 된 영향이기도 했다.

그래서 제대 후 내 발걸음은 농촌으로 향했다. 과거에 활동을 간 적이 있던 지역으로 갔는데, 막상 가보고는 내가 농촌에서 할 수 있는 일이 별로 없다는 걸 깨달았다. 수학 전공자인 내가 아는 것은 약간의 수학 지식뿐인데, 그것만으로 계몽 활동을 펼친다는 것은 그다지 현실적인 생각이 아닌 듯싶었다. 그래도 농촌에 발을 붙여보려고 경주 지역에서 솔잎을 따서 생약을 만드는 사업을 시도해보기도 했는데 그마저 실패하고 나니 농촌에 대한 꿈은 자연스럽게 접게 되었다.

그러나 사회를 위해 보람 있는 일을 하고 싶다는 나름대로의 사명감이랄까, 그런 마음까지 접은 것은 아니었다. 젊은 시절의 그러한 마음은 기업을 50년 경영해오는 동안 내내 하나의 나침반이 되어주었다.

"우리의 제품이 고객의 삶에 이익을 줄 수 있어야 한다. 더 가치 있는 제품을 생산하는 것이 더 가치 있는 기업이 되는 길이다. 우리가 길러내는 인재가 코맥스는 물론 우리 사회를 발전시킬 수 있어야 한다. 더 많은 인재를 양성하는 것이 더 가치 있는 기업이 되는 길이다."

이런 생각이 나침반 역할을 해주었다. 계몽 활동만이 사회를 위하는 것이 아니라 기업 활동을 통해서도 사회와 국가 경제에 많은 기여를 할 수 있다고 믿었다. 그러니 기업을 키워나가는 일이 얼마나 멋진 일인가. 또한 기업의 사회공헌을 통한 보람도 크다. 특히 보람이 컸던 것은 '사랑의 집짓기' 후원이었다. 한국해비타트와 협약을 체결하고 전국에 건축되는 사랑의 집에 코맥스 제품을 무상 지원하고 설치도 무상 지원해주는 후원이다. 벌써 10년이 넘도록 이어지고 있는 이 후원은 직원들을 포함한 코맥스 가족들이 개인 후원으로 힘을 보태고 있기에 더 의미가 크다.

피난 시절 판잣집에서 식구들이 한 방에서 쪼그리고 새우잠을 자야 했던 기억이 아직도 생생하다. 나와 동시대를 살았던 이들에게는 낯선 풍경이 아니겠지만 요즘 젊은 사람들은 상상도 하지 못할 일이리라. 등을 맞대고 다리가 포개진 채 불편한 자세로 자면서도 불편한 줄도 몰랐다. 왜냐하면 낮 동안 내내 어머니는 어머니대로 누나는 누나대로 형은 형대로 나는 나대로 생계를 위해 동분서주 일한 피곤이 더 컸기 때문이다. 그 시절 안락한 집을 얼마나 갈망했던가. 그 마음을 알기에 어려운 이웃을 위해 사랑의 집을 짓는 일이 더 소중하다.

2018년 1월에 모교인 한양대학교와 창업 생태계 조성을 위한 MOU를 체결하고 후배들의 스타트업 육성을 지원하게 된 것 또한 의미를 두고 있는 일들 중 하나이다. 우선, 장학금을 지원하고 스타트업 육성을 위해 필요한 공간을 마련해주기로 했는데, 후배들에게 큰 힘이 되었으면 좋겠다.

아직은 많이 부족하다고 생각한다. 그러나 앞으로 사회공헌 활동을 점점 더 확대해 나갈 계획이다. 농촌을 향한 꿈. 그 꿈을 코맥스를 통해서 이루고자 한다. 누리고 즐기는 것만을 행복으로 안다면 삶이 무슨 의미가 있겠는가. 가치 있는 일을 하는 것이 더 보람되다. 그리고 보람이 곧 행복이다.

더 가치 있는 제품을 생산하는 것이
더 가치 있는 기업이 되는 길이다.
더 많은 인재를 양성하는 것이
더 가치 있는 기업이 되는 길이다.

5부

—

역발상 경영

답은 언제나
현장에 있다

단 한 명이라도 점포에 들어오면
무슨 일이 있어도 놓치지 않고
알아들을 때까지
인터폰에 대해서 설명했다.
한 시간이고 두 시간이고 대화를
이어가면서 그 사람을
인터폰 박사로 만들어놓곤 했다.

남들이 보지 못하는 나만의 시각으로 보라.

역발상이란 세상이 알려주는 로드맵이 아니라

나만의 창의적인 로드맵을 찾는 것이다.

나의 시각을 넘어 남들의 시각으로 다시 보아라

역발상이란 나에게 갇힌 생각이 아니라

나를 넘어 새롭게 보는 열린 시각이다.

다르게 보면 다른 해법이 보이고

거기에 보다 큰 성공의 길이 있다.

길이 막히면
다리를 놓아라

젊은 시절 이야기를 해보려고 한다. 우스갯소리로 20대 때는 시간이 시속 20km로 흐르고, 30대는 시속 30km, 70대는 시속 70km로 점점 빨라진다고 한다. 재미있는 비유라 들을 때마다 웃곤 하는데 내가 흰머리 지긋한 나이가 되니 시간의 속도를 초월해 과거와 현재가 어우러져 내 삶을 채우고 있는 느낌이다. 수십 년 전 일도 바로 어제같이 생생하게 다가와 아주 오랜 일이나 바로 어제 일이나 모두 소중할 뿐이다.

대학 시절 농촌 봉사 활동도 그런 추억 중의 하나이다. 신입생 때 장리욱 박사를 만나 인연을 맺고 1년여간 흥사단 활동 특히 금요 강좌에 참여하면서 사회와 국가에 대한 의식을 키운 나는 농촌 봉사 활동도 앞장서곤 했다. 특히 3학년 때는 과대표이다 보니 더욱 주도적인 역할을 하게 되었다.

여학생들도 제법 많이 참여했는데, 집에서 허락을 받지 못한 여학우의 경우엔 회장인 내가 직접 집집마다 전화를 드리거나 찾아가 허락을 받아내곤 했다. "제가 책임지고 안전하고 건전하게 인솔해서 다녀오겠습니다. 걱정하지 마시고 보내주십시오!" 하고 철썩 같이 약속을 하곤 했다. 그렇게 사람을 모으다 보면 농활 참여자가 200명이 훌쩍 넘고 때로는 300명에 달할 정도로 대규모가 되기도 했다.

아무리 옛 시절이라도 서울 학생들이다 보니 농촌에서 왜 불편한 점이 없었겠는가. 그러나 4·19 혁명 전후 무렵이라 정치적인 혼란이 극심하고 경제적인 궁핍과 가난으로 국가와 민족의 앞날이 암울했기에, 서울에서 대학을 다니던 우리는 나름 지식인으로서 농촌 계몽을 통해 국민들의 의식이 깨어나도록 도와야 한다는 사명감이 제법 컸던 것 같다. 그 시절 대학에 다닌다는 것만으로도 다른 사람들에 비해 혜택을 받은 거였고 대학생이 흔치 않던 때라 지식인으로서 사회를 위해 뭔가 기여를 해야 한다는 생각이 있었다.

사명감으로 하는 일이었지만 나름 소소한 재미도 있었다. 함께 밥을 먹고 함께 야학을 하고 논밭 일을 도우면서 우정이 싹트고 동지애 같은 것도 생겼다. 많은 학생들이 단체 생활을 하니 이런저런 일도 많았다. 나는 인솔을 맡은 책임자로서 남자, 여자 가리지 않고 군기를 강하게 잡곤 했는데, 새벽부터 깨우며 불호령을 하고 늑장을 부리는 학생에게는 야단까지 쳤더니 집으로 돌아가겠다고 울며 나서는 여학생들도 생겼다. 그러나 그네들은 마을 어귀까지 나갔다가 다시 되돌아와서는 "철없이 굴어서 미안하다"며 다시 마음을 합해 농활에 참여하곤 했다. 지금은 모두 젊은 시절의 추억이 되었다.

그런데 그 시절 추억 중 특히 기억에 남는 일이 하나 있다. 우리가 자주 농활을 갔던 강원도 봉평 지역에서의 일이다. 당시 수학도였던 나는 문학 작품보다는 사회과학이나 전공 서적을 주로 보았기 때문에 잘 몰랐는데, 봉평은 이효석 선생의 유명한 작품 〈메밀꽃 필 무렵〉의 배경이 된 곳이라며 이장 어른이 자랑을 하셨다. 참으로 문학 작품의 배경이 될 만큼 풍경이 아름다웠다. 아직 여름이라 메밀꽃이 만개하지는 않았지만 그래도 드넓게 펼쳐진 메밀꽃밭만 봐도 "가을 밤이면 하얀 꽃 천지가 된다"는 이장 어른 말씀을 어느 정도 상상할 수 있었다.

동네 입구에는 산에서 내려오는 물이 모여드는 개천이 있었는데 평상시에는 그 깊이가 성인의 무릎이 채 안 되는 정도라 첨벙첨벙 종아리를 적시며 건널 수 있었지만 장마가 지면 물이 불어나 오갈 수가 없게 되었다. 사실 평소 물이 불어나지 않을 때도 짐이 있거나 농부들이 달구지를 끌고 가려면 신발을 벗어 들고 바지를 적셔야 하니 여간 불편한 게 아니었다. 그런데 나로서는 마을 사람들이 그런 불편에 익숙해져서 그냥 생활하고 있는 것이 이상했다. 그래서 이장 어른에게 물었다.

"어르신, 왜 다리를 안 놓습니까?"

"다리?"

"예. 다리요. 다리를 놓으면 일하러 다니시기 편하고 장마 때도 길이 끊어지지 않을 수 있잖아요."

"아 그런가? 글쎄…… 하도 오랫동안 이렇게 살아와서 다리 놓을 생각을 안 해보았구먼."

"저희가 다리를 놓아드릴까요?"

농활의 일환으로 시골 마을에 찾아가 농사일도 도와드리고 동네

학생들도 가르치던 대학생들이 마을의 불편을 해결해보자는 생각으로 다리를 놓는 계획을 세웠다. 수학과 학생들이니 토목이나 건설을 잘 알지는 못했지만 일단 팔을 걷어붙이고 산에 올라가 나무를 하고 그것들을 엮어서 개천을 건너는 다리를 만들었다. 전문 기술이 부족하니 우마차가 지날 수 있는 널찍한 다리는 못 만들어도 사람 몇 명 쯤은 너끈히 건널 수 있는 다리를 완성할 수 있었다. 해보니 별일도 아니었다. 함께하는 청년들이 많았기 때문에 그저 힘을 모으기만 하면 될 일이었다. 물론 그 동네에 사는 사람들은 농활을 간 청년들보다 더 많았으니 그분들이 훨씬 더 다리를 잘 만들 수 있었겠지만 말이다. 다만 다른 것이 있다면 생각이었을 것이다. 누군가는 당연한 것으로 받아들이고 누군가는 새로운 방법이나 개선할 점을 찾아 나서게 하는 그 생각 말이다.

다리가 완성되고 나자 이전에는 바지를 둥둥 걷고 아이들이라도 함께 건널라치면 손을 잡고 건너야 하던 개천을 삼삼오오 마을 사람들이 편하게 건넜다. 그 모습을 보니 여름 한철 흘렸던 땀방울이 일시에 씻겨 나가는 듯 시원했다. 개강 때가 다가와 서울로 돌아와서는 어느새 그 마을 일을 까맣게 잊고 생활했는데 1년 즈음이 지난 무렵에 문득 편지 한 통이 날아왔다.

봉덕 군. 학생들이 놓아준 다리 덕분에 우리 마을 사람들은 그동안 편하게 생활할 수 있었네. 그런데 이번 여름 장마 때 그만 학생들이 놓아준 다리가 떠내려가고 말았다네. 하지만 우리 마을에 큰 변화가 일어났다네. 이전과는 달리 마을 사람들 모두가 누가 먼저랄 것도 없이 힘을 모아 새로운 다리를 만들게 된 것이지. 이번에는 학생들이 놓아준 다리보다 훨씬 튼튼하고 넓은 다리가 되어 우마차도 건널 수 있다네. 학생들이 다리를 놓는 것을 보았기에 가능한 일이었어. 100년 넘는 세월 동안 누구도 다리 놓을 생각을 못하고 살아왔는데, 학생들이 우리 생각을 깨우쳐준 덕분에 이렇게 힘을 합쳐 편하고 좋은 것을 완성할 수 있었네. 그래서 이렇게 감사의 마음을 몇 자 적어 보내네.

이장 어른이 직접 적어 보낸 것이었는데 세세한 어구까지 기억하지 못해도 나에게 깊은 인상을 남긴 편지라서 생생하게 가슴에 남아 있다. 그분들은 학생들 덕분에 생각을 깨우칠 수 있어서 고맙다고 말했는데, 고마운 것은 나 역시 마찬가지였다. 그 일을 통해 깊은 깨달음을 얻었으니 말이다.

기업을 경영하면서 또는 인생의 막다른 길을 만날 때마다 나는 봉평 농활 때의 일을 생각하곤 한다. 길이 막히면 다리를 놓으면 된다는 것을 다시금 떠올리곤 한다. 누군가는 다리 놓을 생각도 못하고 문제를 받아들이지만 누군가는 다리를 놓겠다는 역발상을 하고, 실천에 옮김으로써 새로운 길을 만들어 앞으로 나아간다.

문제의 해결은 새로운 발상에서 비롯된다. 똑같은 시각, 해온 대로의 생각에 갇혀 있으면 문제의 해결점이 보이지 않는다. 그러나 새로운 시각에서 다르게 바라본다면 전혀 생각지도 못한 해결점을 찾을 수 있다. 그것이 바로 '역발상'이다.

어떤 상황이라도
최선의 답은 있다

|

    나는 대학에서 수학을 전공했다. 사실 꿈꾸던 해양대학교에 불합격하고 차선으로 선택한 전공인 데다 4·19 혁명 전후의 역동의 시대에 대학을 다니다 보니, 학업보다 데모 시위 그리고 농활 등으로 더 바쁜 나날을 보냈다. 그래도 지나고 보니 수학은 나에게 아주 특별한 의미가 있는 학문이 되었다. 물론 나는 수학자가 될 생각은 전혀 없었다. 그래서 군 제대 후 진로를 고민할 때 대학 졸업 논문을 지도해 주셨던 교수님의 "대학원에서 응용수학을 공부해서 대학교수의 길을 걸어보라"는 권유에도 불구하고 사업의 길을 선택한 것이다. 한때 응용수학을 공부하기 위해 대학원에 진학하기도 했지만 집안 형편도 어려운데 공부만 계속할 수도 없는 상황이어서 6개월 만에 그만두고 사업에 대한 꿈을 키워나갔던 것이다. 이렇게 수학과의 인연은 거기서 끝났지만 수학이 나에게 큰 가르침을 준 학문인 것만은 분명하다. 좀 거창하게 표현한다면 나는 수학에서 경영을 배웠다.

    고등학교 때도 수학 성적이 월등했던 것으로 기억한다. 6·25전쟁으로 인한 생채기가 그대로 남아 있던 1950년대 중후반이라 학교 분위기는 불안정하고 공부에 집중할 수 있는 분위기가 아니었다. 수업 끝나는 종만 울리면 대기 순번을 정해놓고 서로 주먹질로 서열을 가리는 일이 반복되는 일상이었고, 종종 선생님들이 불시에 소지품 검사라도 하면 저마다 가방에서 몽키 스패너(monkey spanner)나 벽돌, 심지어 칼까지 튀어나오곤 했으니 그야말로 드라마 〈야인시대〉를 방불케 하는 게 우리의 모습이었다. 그런 환경에서 공부인들 제대로 했겠는가. 친구들과 몰려다니느라 공부는 뒷전이었는데 그래도 수학 성적만큼은 늘 상위권이었다.

그래서였는지 고등학교 3학년 때 담임선생님은 종종 "수학은 모든 학문의 기초이고 공학 발전에 필수적으로 뒷받침되는 중요한 학문이다. 그러니까 수학 잘하는 것을 행운으로 알아야 한다"고 내게 강조하곤 했다. 당시엔 무심코 들었지만 대학에서 수학을 공부하고 사회에서 사업을 하다 보니 참으로 맞는 말이라는 것을 실감하게 되었다. 기본적으로 사업을 하려면 수리에 밝아야 하는 건 사실이다. 삼성의 이병철 회장도 어린 시절 다른 과목은 그리 두각을 드러내지 않았으나 수학에서만큼은 탁월한 성적을 보였다고 한다.

그러나 내가 수학에서 배운 것은 단순한 '셈'이 아니었다. 내가 대학에서 수학을 공부하면서 깨달은 것은 모든 문제엔 답이 있다는 것이었다. 풀어야 할 미지수를 X로 놓고 여러 가지 공식을 응용해 미지수를 풀어내는 수학의 원리는 기업 경영에도 그대로 적용되었다. 기업 경영의 막막하고 어려운 문제를 만날 때마다 답을 얻기 위해 객관적이고 논리적으로 문제를 해결하는 과정이 흡사 수학문제 풀이와 비슷했던 것이다.

50년 동안 경영을 해오면서 크고 작은 문제와 위기를 만났지만 그때마다 수학문제를 풀 듯이 답을 찾아 고민하다 보면 언제나 최선의 답을 찾을 수 있었다. 어렵게 성사시킨 계약에서 불량 제품이 나왔을 때 내가 찾은 답은 리콜 전량 회수 재납품이었고, 키코 사태를 만났을 때 내가 찾은 해답은 전사적인 단합과 살을 깎는 혁신이었다. 그래서 평소 직원들에게 이렇게 강조하곤 한다.

"아무리 상황이 어려워도 언제나 최선의 답은 존재한다. 문제가 있으면 답도 있는 것이다."

농활 중 다리 놓은 일도 일맥상통하는 이야기가 될 수 있다. 물을 건너지 못하는 문제를 만났을 때 답은 다리를 놓는 것이다. 군에서 배운 것도 마찬가지였다. 나는 군 생활을 상당히 다이나믹하게 했는데, 특히 병과 자체가 여러 번 바뀌었다. 우선 대학을 졸업하자마자 1962년 3월 육군 사병으로 입대했다가 1년 즈음 지나서 주한미군 군사고문단으로 발령이 나면서 졸지에 카투사로 가게 되었다. 당시에는 한국군에서 근무하다 미군 카투사로 가는 경우가 종종 있었다. 그러는 사이 일반 보병, 중화기보병, 수송, 통역병으로 병과가 여러 번 바뀌었다. 대학 졸업 후에 입대했는데 나의 학적이 3학년으로 잘못되어 있어서 의도치 않게 학보병 혜택 대상자가 되기도 했다. 당시에는 대학생을 위한 학보병(학적보유병, 學籍保有兵) 제도가 있었는데 이 경우 복무 기간이 1년 6개월로 단축되었다. 하지만 나는 그런 혜택을 받는 것이 수치스러워 3년을 다 채웠다.

특히 첫 부임지였던 대전차부대의 하나인 108밀리 무반동 로켓포 부대에서 교육계를 맡았을 때 전략과 전술에 대해서 배운 것이 큰 도움이 되었다. 대학생이 귀하던 시절이라 내가 전 부대원의 교육을 맡는 한편, 작전병 역할도 맡게 되어서 진지 구축을 어떻게 할지 전략 전술을 어떻게 세울지를 고민해야 했다. 그때 군사작전에 대한 논문을 광범위하게 읽어보고, 2차 대전이나 1차 대전 등 세계 전쟁사를 통한 전략 연구도 하면서 '전략 전술'이라는 것에 눈을 떴다.

군에서의 전략 전술이라는 것도 결국 수학 베이스였다. 얻어야 하는 답을 미지수 X로 놓고 그 답을 찾아가는 과정에서 여러 가지 변수를 고려한다. 상대방이 가지고 있는 무기는 무엇인지, 우리가 가지고 있는 무기는 무엇인지 고려하고 지형, 병력의 수, 지원군의 규모 등 모든 것을 고려해서 전략과 전술을 세워간다. 전략과 전술에 따라 같은 전력을 가지고 질 수도 있고 이길 수도 있다는 사실이 흥미로웠다.

경영 현장은 총칼만 없을 뿐 보이지 않는 무기를 가지고 하는 전쟁과 마찬가지로 치열하다. 승부의 결과는 죽음이거나 생존이다. 살아남는 기업만이 앞으로 나아갈 수 있다. 기업의 평균 수명이 1950년대에는 60년, 지금은 15년이라고 한다. 시장이 급변하고 기업의 흥망 속도가 계속해서 빨라지고 있다. 30년만 지나면 현재 이름을 올리고 있는 기업의 80%가 사라진다는 통계도 있다. 그 어떤 동물의 세계보다 그 어떤 국가 간의 전쟁보다 치열하고 승률이 낮은 생존 경쟁이 기업 간에 벌어지고 있다.

이렇게 치열한 승부의 세계에서 늘 새로운 문제가 앞을 가로막

곤 한다. 그러나 수학 문제를 풀듯이 경영상의 문제를 들여다보면 최선의 방법, 최적의 해법은 항상 존재한다. 물론 누구에게나 그 해법이 똑같은 것은 아니다. 마치 수학 문제에서 답은 똑같아도 풀이 과정이 다를 수 있는 것과 마찬가지이다. 나의 풀이가 다른 사람과 똑같을 필요는 없다. 나에게는 나만의 풀이 과정이 있고 수많은 사람의 수만큼이나 다양한 해법이 존재할 수 있다.

중요한 것은 답이 존재한다는 사실이다. 아무리 발버둥 쳐도 답이 없는 것 같을 때 사람은 절망하고 모든 것을 내려놓거나 포기하게 된다. 그러나 답이 있다는 믿음만 있어도 많은 것이 다르게 보인다. 답이 있다는 믿음만 있다면 포기하지 않을 수 있다. 수학 경영은 결국 포기하지 않는 불굴의 정신과 다르지 않다.

입에서 입으로
제품을 '전도'하다

이론은 현장에서 나온다. 전문적인 지식이 부족해도 현장을 제대로 살피고 그 현장에 맞는 대안들을 고민하다 보면 자신만의 아이디어가 떠오르게 마련이다. 숱한 이론들도 결국 현장의 필요에서 나온 결과이다.

사업을 시작하고 10여 년이 훌쩍 지난 무렵 나는 좀 더 깊이 공부하기 위해 경영대학원에 다니면서 마케팅에 대해서 전문적으로 배울 기회를 가졌다. 놀랍게도 그때 배운 마케팅 이론들이 그리 새롭지 않았다. 상당 부분이 내가 이미 기업을 경영하면서 필요에 따라 생각해내서 실제 적용했던 전략들과 겹치는 부분이 많았던 것이다. 마케팅 역시 전략과 전술의 게임이었다. 같은 제품이라도 전략 전술을 어떻게 세우느냐에 따라 더 많이 팔 수도 있고 조금밖에 팔지 못할 수도 있다. 더 많이 팔기 위해 나는 얼마나 숱한 밤을 지새우며 이런저런 방법을 고민했던가. 그 고민의 결과가 나의 마케팅 전략들인 셈이었다.

아마 본격적으로 마케팅 전략에 대해서 치열하게 고민하기 시작했던 것은 1970년 무렵으로 기억한다. 물론 창업과 동시에 마케팅에 대해서 관심이 없을 수는 없었겠지만 본격적으로 마케팅에 대해 진지하게 고민을 하고 구체적인 전략을 세워 시장에 적용하기 시작한 것이다. 그해는 특별한 해였다. 사업 부진과 부채에 절망해 자살을 작정했다가 다시 한 번 살아보기로 결심하고 맞은 첫해였기 때문이다.

나는 새로운 전략을 필요로 했다. 그냥 다시 열심히 해보자는 심적인 다짐만으로는 현실을 타개할 수 없을 테니 말이다. 분명한 것은 이제까지 해왔던 것처럼 무작정 주택 건설 현장이나 가정집을 가가호호 찾아다니며 영업을 하는 것에는 한계가 있었다. 그러나 무슨 수로 어떻게 홍보한단 말인가? 실마리는 우연한 것에서 풀렸다. 하루는 어떤 사람이 세운상가를 돌아보다가 중앙전자 점포에 놓인 인터폰을 보고는 들어와서 이렇게 물었다.

"인터폰이 뭡니까?"

인터폰이 뭐냐고? 세상에, 나는 그 설계부터 제조 과정이며, 미세한 부품까지 훤히 알고 있는 물건인데, 일반 사람들에게는 무슨 물건인지도 모를 정도로 생소한 것이었다니. 그때 나는 인터폰이 고객들에게 아주 생소한 물건이라는 것을 새삼 자각하게 되었다. 무엇에 쓰는 물건인지도 모르는데 어떻게 그 물건을 살 수 있겠는가. 그 고객의 질문은 내게 새로운 마케팅의 답을 준 셈이었다. 그 후 내가 가장 시급하게 해야 할 일은 바로 인터폰이 무엇인지 알리는 일이었다. 팔든지 못 팔든지 인터폰에 대해서 내가 알고 있는 모든 지식을 다 알려줘야겠다는 생각이 불현듯 들었다.

그래서 단 한 명의 손님이라도 들어오면 제품에 대해 그분이 알아들을 때까지 성심을 다해 설명했다. 그것은 설명이라기보다는 전도에 가까웠다. 그만큼 정성과 열심을 다하자, 인터폰이라는 것을 전혀 모르는 사람들도 흥미를 보였다. 꼬치꼬치 캐묻는 사람이 있으면 한 시간이고 두 시간이고 대화를 나누었다. 이렇게 점포를 찾아온 고객은 무슨 일이 있어도 놓치지 않고 대화를 이어가서, 그 사람을 인터폰 박사로 만들어놓곤 했다.

당시 중앙전자에 무슨 브랜드 파워가 있었겠는가? 브랜드라는 말 자체가 사치스럽게 느껴질 상황이었다. 기술적인 우위는 전혀 없었고 자금도 턱없이 부족했다. 인력 또한 그나마 있던 직원들은 모두 떠났고 사장인 나 혼자 남아 점포를 지키고 있는데 인력이랄 게 있었겠는가. 거의 파산 지경이었고 하루하루가 살얼음판을 걷는 듯한 심정이었다.

단 내 안에는 그 상황을 타개하겠다는 의지가 있었고 그 의지가 나로 하여금 방법을 찾도록 온 정신을 몰두하게 만들었다. 어떻게 이 상황을 타개할 것인가. 즉 어떻게 고객을 창출하고 제품을 팔 것인가? 그것이 내가 풀어야 할 문제였다. 내가 고려할 상황 변수는 인력도 자본도, 브랜드 네임은커녕 기존 고객도 없는…… 그저 아무것도 없다는 것이었다.

그러나 내게 있는 것도 있었다. 일단 나에겐 제품이 있었고, 그 제품에 대해 누구보다 잘 알고 있는 나 자신이 있었다. 나는 내가 가진 얼마 되지 않은 자원을 100% 활용했다.

일명 구전 마케팅! 바로 '입에서 입으로 전한다'는 전략이었다. 결국 영업이나 판매도 사람이 하는 일이고 판매의 대상도 사람이었기에 그들을 이해시키는 커뮤니케이션이 잘 이뤄진다면 판매로 이어질 수 있다는 것이 나의 판단이었다. 당시만 해도 구전 마케팅, 마우스 마케팅이라는 용어를 잘 쓰지도 않을 때였지만 나에게 있어서 그 전략은 살아남기 위한 생존 전략이었다. 절망적인 상황에서 인터폰이 무엇에 쓰는 물건인지 일단 알려야 한다는 우연한 발상으로 구전 마케팅 전략을 발견하여 돌파구를 마련할 수 있었던 것이다.

프리세일즈맨 운영으로
국내 시장을 공략!

|

구전 마케팅이 효과가 있으리라는 나의 예상은 적중했다. 아니 예상했던 그 이상이었다. 한 사람에서 시작된 입소문은 점포에 들어온 고객은 물론 친구, 친구의 친구로 점점 확대되어 하루에 평균 10사람에게 제품을 홍보할 수 있게 되었다. 한 달이면 300여 명, 1년이면 3,000명이 훌쩍 넘는 사람에게 홍보를 할 수 있었다. 나는 모든 사람을 고객으로 만들겠다는 비현실적인 기대는 하지 않았다. 단 10%, 아니 1%만 나의 고객이 된다면 승산이 있었다. 실제로 구전 마케팅을 본격적으로 시작하고 나서 3개월이 지나면서부터 매출이 두세 배로 늘어났다.

만나는 사람마다 인터폰을 설명해주었다. 친구들에게도 전화를 돌렸다. 뭐하고 지내냐고 안부를 묻는 친구에게 인터폰을 팔고 있다며 수화기를 붙잡고 인터폰에 대해서 자세히 설명을 해주곤 했다.

한번 점포로 나오라는 당부도 잊지 않았다.

특히 재미있었던 것은 인터폰을 알게 된 고객들이 자신의 주변 사람들에게 인터폰을 전하게 되었다는 점이다. 한 고객은 봉제공장을 운영하고 있는 친구 공장에 갔다가 직원들이 1, 2층을 오르내리면서 일을 하는 것을 보고 인터폰을 한 대 놓으라고 권했다고 한다. 또 다른 고객은 여관을 운영하는 친척에게 인터폰을 권했다. 이렇게 소개가 이어지니 생면부지의 사람들이 점포로 찾아와서는 김 아무개 소개로 왔다, 박 아무개라는 사람을 아느냐 그 사람이 한번 가보라고 해서 왔다, 가면 친구니까 잘해줄 거라 하더라…… 이렇게 소개를 받았다면서 우리 점포에 찾아오는 사람이 하나둘 늘어났다. 그들은 한결같이 이렇게 말하곤 했다.

"변봉덕 사장이 자기 친구니까 가면 잘해줄 거라고 그러던데요."

말 한마디 믿고 소개받아 찾아온 고객에게 내가 어떻게 잘하지 않을 수 있었겠는가. 인연이라야 몇 시간에 걸쳐 친절하고 소상하게 인터폰을 설명해준 것뿐인데, 그렇게 인연을 맺은 고객은 나를 친구라 믿고 그들의 지인에게 나를 친구라 소개했다. 고객이 나를 친구라 부른다면 그 이상 더 최고의 영업이 어디에 있겠는가.

모든 사람이 나의 세일즈맨이 되었다. 놀라운 일이었다. 단순히 물건만 파는 것이 아니라 제품의 기능을 구체적으로 소개하고 인터폰을 사용하면 얼마나 생활이 편리해지는지 확신을 가지고 전했더니 그들은 어느새 인터폰의 가치에 눈을 뜨고 인터폰에 대해서 모르는 것이 없는 인터폰 박사가 되어 나 대신 인터폰을 전하게 되었다. 월급을 주지 않아도, 누가 시키지 않아도 그들은 인터폰을 주변에 홍보했다. 그 덕분에 다 쓰러져가던 중앙전자는 회생의 마지막 기회를 잡아 반전을 만들어냈다.

구전 마케팅으로 판매에 탄력이 붙기 시작하자 나는 한 단계 더 나아가 보다 체계적인 판매 전략을 구상하게 되었다. 어렵게 개발한 도어폰 판매를 위해서였다. 그런데 막연히 남들 하는 식으로 따라 하는 것은 그리 도움이 되지 않을 테니, 나의 상황에 맞는 새로운 발상이 필요했다.

"월급을 주지 않고도 내 제품을 홍보해주는 세일즈맨을 둘 수는 없을까?"

인건비 부담을 최소화하면서도 마케팅 효과를 얻을 수 있는 방법을 고민했고, 답은 언제나 현장에 있었다. 이번에 생각해낸 것은 바로 '프리세일즈맨(free salesman)' 제도였다. 말하자면 영업사원이지만 급여를 전혀 받지 않고 실적대로 자기 수익을 챙겨가는 세일즈맨이었다. 중앙전자에서 일정한 가격으로 물건을 대주면 그들이 능력껏 판매해서 수익을 모두 가져갈 수 있도록 한 일종의 위탁판매 방식이었다.

"월급을 줄 수는 없소."
"아니 그러면 어떻게 일을 합니까?"
"대신에 이익을 가지시오."
"얼마나요?"
"다!"

"다라고요? 왜 다 주시나요?"

"만약 이익을 조금밖에 안 주면 우리 물건을 열심히 팔아주겠소? 가져가는 게 많아야 더 열심히 뛸 거 아니요?"

"그건 그렇지만, 중앙은 남는 것이 없잖아요."

"중앙은 브랜드를 알리는 거요."

이렇게 제안하며 세일즈맨들을 하나씩 하나씩 영입했다. 중앙전자 입장에서는 이익을 많이 남긴다기보다는 장기적인 안목에서 제품을 홍보하기 위한 목적이 더 컸다. 우리 물건을 저렴하게 공급해주면서 우리가 제시한 금액에 맞춰서 판매를 하도록 했고, 그 마진은 모두 그들에게 주었다. 비록 상당한 중간 이익을 포기해야 했지만 나는 그것을 손해라고 생각하지 않았다. 중간 이익은 마케팅 비용이자 투자라고 생각했다.

세일즈맨 입장에서는 처음에 제품을 공급받는 비용만 빼면 판매 수익을 모두 가져갈 수 있으니 이보다 더 좋은 영업이 없었다. 그들은 우리 중앙전자로부터 도어폰을 약 9,000원 정도의 가격에 공급받았는데, 가정집에 도어폰 한 대를 달아주고 설치 서비스 비용을 포함해서 1만 5,000원 정도를 받았다. 일반 직장인의 평균치 월급 5,000원보다 훨씬 많은 수익을 남기는 셈이었다.

프리세일즈맨 제도는 구전 마케팅을 펼치는 동안 고객들이 월급을 받는 것도 아닌데 열심히 인터폰을 홍보해주는 것을 목격하면서 자연스럽게 떠오른 발상이었다. 그래서 프리세일즈맨을 운영하는 데 있어서도 구전 마케팅을 할 때와 비슷하게 접근했다. 우선 30여 명의 프리세일즈맨을 뽑아서 맘껏 영업 활동을 할 수 있는 여건을 만들어주었다. 그 첫 번째가 제품에 대한 전문지식을 갖추도록 하는 것이었다. 구전 마케팅 때 고객에게 인터폰의 모든 것을 알려주어 인터폰 박사로 만든 것처럼 프리세일즈맨들을 제품에 대한 지식으로 무장시킨 것이다. 프리세일즈맨 운영을 통해 우리는 자체 조직과 인력을 들이지 않고 판매망을 넓힘으로써 브랜드를 알릴 수 있었다.

이처럼 구전 마케팅과 프리세일즈맨 제도는 중앙전자가 초창기에 자리를 잡는 데 결정적인 힘이 되었다. 고객의 수요가 늘어나면서 청계천 4가 인근에 생산 공장도 따로 마련하게 되었고 1971년경에는 경리 사원을 포함하여 직원도 20여 명으로 늘려야 했을 정도였다.

역발상으로
국내 최초 도어폰을 개발!

|

기업의 모든 순간이 치열한 두뇌 싸움이지만 특히 제품 개발이야말로 두뇌 싸움의 최전방이라 할 수 있다. 코맥스의 역사 또한 제품 개발의 역사나 마찬가지이다. 특히 도어폰 개발은 '국내 최초'라는 의미가 있기도 하거니와 나로서도 본격적인 제품 개발의 첫 경험이었기에 아주 특별한 순간이었다. 도어폰 개발을 하느라 수많은 빚을 지게 되었는데, 그렇게 많은 빚을 지면서도 도어폰 개발을 포기하지 않았던 것은 나름대로 확신이 있었기 때문이다.

처음부터 도어폰이라는 제품을 정해놓고 개발하려고 계획했던 것은 아니다. 다만 나는 타사의 인터폰과는 다른 중앙만의 인터폰을 만들기 위해 고객의 입장에서 계속 생각했다. 고객의 입장에서 생각하면 제품 개발을 어떻게 할 것인지 방향성이 나오는데, 그런 의미에서 역발상이란 역지사지 발상과 다르지 않다.

"전화기처럼 고객들이 서로 자유롭게 통화할 수 있는 인터폰을 만들 수는 없을까?"

즉 기존의 인터폰에 새롭게 통화 개념을 도입하는 것을 구상했던 것이다. 당시 국내에는 인터폰이라는 말은 있었지만 그것이 무엇인지 모르는 사람이 많았고 그 기술도 수화기를 통해 내부에서 통화를 하는 정도에 그치는 수준이었다. 외부와 내부를 연결해서 통화를 할 때는 잡음이 많고 대화가 끊어지기가 일쑤였다. 특히 가정에 다는 인터폰은 프레스 투 토크(press to talk) 방식이어서, 말을 할 때는 버튼을 누르고 하다가 상대방의 말을 들을 때는 버튼에서 손을 떼야 했는데, 그러다 보니 익숙하지 않은 소비자들은 대화할 때 서로 타이밍을 맞추기가 어려워 불편이 컸다.

그래서 대문에 달린 스피커와 집 안에 있는 전화기를 연결해서 손쉽게 대화할 수 있는 인터폰을 만들기 위해 몇 달 동안 두문불출, 방문을 걸어 잠그고 연구에 몰입했다. 수학을 전공한 내가 기술 개발에 대해 얼마나 알았겠는가. 인터폰을 직접 만들 수 있는 기술은 내게 없었지만 소비자가 사용하기에 편리한 기능은 무엇이 있을까를 고민하면서 나름대로 도면을 그려 나갔다. 그렇게 완성된 일차 도면을 가지고 통신기기 제작 기술자에게 찾아가 자문을 구했더니 다행히도 "도면대로만 하면 단시일 내에 충분히 제작할 수 있을 것 같다"는 희망적인 답변이 돌아왔다.

실제 개발에 착수하니 예상과 달리 4개월 넘는 시간이 더 소요되긴 했지만 기존 인터폰보다 한 단계 업그레이드된 신제품 인터폰을 개발하는 데 성공할 수 있었다. 우리가 개발한 인터폰은 내부 수신자만 수화기를 들고 외부 송신자는 수화기 없이 마이크를 통해 집 안의 사람과 자유롭게 통화할 수 있을 뿐만 아니라 대문의 자동개폐 기능까지 첨가한 획기적인 제품이었다.

국내 통신기기 기술 수준이 미군 부대에서 나온 제품을 뜯어서 재조립하는 수준에 그치던 시절이었다. 그나마 통신기기 제품을 생산하는 업체는 한두 곳에 불과했고 대부분의 업체가 수입에 전적으로 의지하고 있었다. 이런 상황에서 생긴 지 얼마 되지 않은 작은 기업인 중앙에서 자유로운 음성 통화가 가능한 새로운 형태의 인터폰을 개발했다는 것은 대단한 쾌거였다.

무엇보다도 대문에서 누군가 초인종을 누르면 "누구세요?" 하고 달려 나가야 했는데 이제는 도어폰만 있으면 집 안에서 편안하게 수화기를 들어 방문자를 확인할 수 있게 되었으니 소비자 입장에서는 라이프스타일이 달라지는 획기적인 상품이 아닐 수 없었다. 소비자들에게 감동을 주는 '도어폰'은 그렇게 탄생했다.

중앙전자가 개발한 도어폰은 한국형 주택 문화와 가옥 구조를 고려하여 거기에 가장 적합한 통신기기를 개발한 것이었다. 한국 가옥 구조는 대문과 마루 사이의 거리가 멀어서 방문자가 벨을 누를 때마다 대문까지 나가야 하는 불편이 컸는데, 이러한 불편을 해결하기 위한 발상의 전환에서 도어폰을 개발할 수 있었다. 국내 최초였기에 이 신제품에 대한 이름도 중앙전자에서 붙이게 되었고, 그 개발 배경을 고려하여 '도어폰'이라 명명했다.

또 우리는 인터폰과 도어폰을 구별하기로 했다. 인터폰은 업무용으로 사무실이나 공장 등에서 전화기 대신 구내 통신기기 역할을 하는 제품이었고, 도어폰은 가정마다 대문에서 실내에 있는 사람과 통화하는 통신기기라는 데에 차별점이 있었다. 고객의 라이프스타일까지 바꾼 도어폰은 비록 개발까지 많은 자금이 들어가 나를 빚더미에 오르게 하는 데 일등 공신 역할을 했지만, 초창기 중앙전자가 성장하는 데도 결정적인 견인차가 되었다. 고객의 입장에서 생각하는 발상의 전환이 낳은 결과였다.

한 국가에 한 명씩
나의 사람을 심는다

|

집집마다 도어폰을 달기 시작했다. 프리세일즈맨 운영으로 도어폰 판매에 탄력을 붙인 것이 큰 도움이 되었다. 30여 명의 프리세일즈맨은 자기들이 이익을 다 가져가기 위해서라도 좌우지간 나갔다 하면 기를 쓰고 일거리를 만들어왔고 이런 일거리가 조금씩 쌓여가자 양산 체제도 가능해질 만큼 주문이 늘어났다. 건설 붐이 일던 1970년대였으니 시절도 딱 들어맞았다. 그러던 어느 날 나를 바짝 긴장시킨 일이 생겼다.

"S사가 우리 도어폰을 카피해서 판다고?"

S사가 우리 중앙의 도어폰을 카피해서 팔고 있다는 것을 알게 되었다. 기술 개발을 직접 한 것이 아니라 남의 것을 카피해서 만들어 투자비가 들지 않은 그들은 중앙보다 훨씬 저렴한 가격으로 소비자들에게 어필하며 시장을 잠식해 들어왔다.

당시 시장에는 인터폰, 도어폰 외에 차임벨이라는 것이 있었다.

음성 통화가 가능한 인터폰이나 도어폰은 가격이 비쌌기 때문에 가격이 부담스러운 고객들은 도어폰 대신 차임벨을 달았다. 차임벨은 말 그대로 벨 소리만 울리고 통화는 불가능한 제품이지만 저렴한 가격 때문에 시장에서는 꽤 잘나가는 제품이었다. 이렇다 보니 도어폰과 차임벨은 기능 면에서 차별화되었지만 시장은 공유하고 있었다.

문제가 된 S사는 차임벨을 만들던 회사였는데 어느 날 "우리도 도어폰을 공급해달라"며 요청해왔다. 차임벨 시장을 가지고 있는 회사였기에 도어폰 또한 원활히 공급할 수 있으리라 여기고 물건을 대주었는데, 갑자기 우리 것을 카피해서 자기네 것인 양 팔고 있다니. 아차, 싶었다. 도어폰의 인기가 상승하다 보니 중앙전자로부터 도어폰을 공급받아 팔던 전업사들 중에도 우리 것을 카피해서 판매하는 일이 종종 발생하던 차였다. 판매만 맡겼는데 우리 것을 도용해서 자기네 것인 양 만들어 팔았던 것이다. 처음 기술 개발하기는 어려워도 만들어놓은 남의 것을 카피하기는 쉬우니 인기가 상승하는 제품은 항상 이런 위험에 노출되어 있었다. 그래서 우리 제품 판매만을 전담하는 조직이 필요했다. 그래서 나온 것이 국내 대리점 구축이었고, 대리점 구축을 통해 비로소 국내 판매망을 안정화시킬 수 있었다.

그런데 대리점 유통망으로 국내 시장을 안정화시켰다면 해외 전략은 어떻게 세웠을까? 뉴욕 맨해튼에서 첫 수출 계약 3만 불을 따낸 쾌거를 시작으로 여러 해 동안 해외 시장을 누볐다. 남들이 보기에는 가는 곳마다 한 건씩 계약을 성사시킨 승승장구의 여정으로 보일 수 있겠지만 내 입장에서 해외 영업은 마치 장애물 경기를 하듯 늘 새로운 문제들과 힘겨운 줄다리기를 계속하며 이룬 것이었다.

그중 가장 큰 난제가 바로 판매망이었다. 나 혼자 세계 모든 곳을 돌아다니며 물건을 파는 방식으로는 한계가 있었다. 이는 모든 기업의 공통적인 고민일 것이다. 그래서 광고도 했지만, 그것만으로도 부족했다. 보다 실질적인 조직이 필요했다. 네트워크가 있어야 판매를 촉진할 수 있다는 것은 삼척동자도 알 수 있는 당연한 이치였다.

대기업들은 막대한 자본과 인력을 들여 해외 지사를 구축했다. 심지어 우리 같은 중소기업의 해외 영업 담당 인재를 빼가면서까지 해외 진출을 추진했다. 대한무역투자진흥공사(KOTRA)에서 세계 각국의 대도시에 먼저 진출하면 대기업의 종합상사가 곧이어 1인 지사 형태로 나가 활발한 무역 거래를 펼치곤 했다. 이집트 카이로에서도 브라질 상파울루에서도 그들은 그들의 인력과 자본을 활용해서 판매에 나서고 있었으니, 중소기업으로서는 도저히 따라갈 수 없는 형편이었다. 그렇다고 부러워만 하고 포기할 수는 없었다. 대기업이 유리한 것은 분명하지만 그렇다고 중소기업에게 길이 없는 것은 아니었다. 발상을 전환하면 중소기업도 중소기업에 맞는 길을 찾을 수 있다는 게 나의 신념이었다. 그래서 고민했다.

"대기업들은 세계 각국에 지사를 차리는데 우리는 어떻게 하면 해외 판매망을 가질 수 있을까? 대기업처럼 큰돈을 들여 지사를 차릴 수 없다면 현지인들의 판매망을 우리 지사처럼 활용할 수 있는 방법은 없을까?"

세계 각국에 지사를 설치할 만큼 인력도 자본도 부족한 중소기업이라는 점을 감안해서 각국의 대표적인 도시 한곳마다 에이전트를 두고 그들에게 독점적 판매권을 부여하여 중앙전자의 지사 같은 역할을 맡기는 것은 어떨까? 일명 '1국가 1에이전트 전략'이었다. 한 나라에 한 에이전트만을 두고 그들에게 그 나라에서의 독점 판매권을 주는 방식이었다. 비록 우리가 대기업은 아니었지만 그들 입장에서는 독점 판매권을 갖게 되니 더 큰 이익을 기대할 수 있었고 우리로서는 자본과 인력을 들이지 않고도 해외에 판매망을 구축할 수 있다는 이점이 있었다. 나의 이익만을 고집해서는 오래 가는 공생 관계를 만들 수 없다. 상대방의 이익도 보장해줄 수 있어야 함께 갈 수 있는 것이다. 그래서 나는 세계 무대를 누비면서 가는 곳마다 1국가 1에이전트 전략을 펼쳤다.

"나는 당신에게 우리 제품에 대한 독점 판매권을 주고 당신은 현지에서 우리 제품의 시장과 브랜드를 키워주는 것입니다. 우리 제품을 당신에게만 공급해줄 테니 당신은 판매망을 통해 우리 회사 제품을 팔아주면 됩니다. 판매가 늘어나면 당신네 회사도 크고 우리도 크게 되니, 윈윈이 되는 것이지요."

한 나라에 한 대리점을 두어 판매한다는 1국가 1에이전트 전략은 중앙전자 제품의 해외 판매에 결정적인 역할을 했다. 상호 원윈하는 전 세계적인 네트워크가 형성되기 시작했고 그렇게 형성된 원윈 관계는 IMF 외환위기 때 서로 코맥스를 돕겠다고 나설 정도로 든든한 신뢰 관계로 이어졌으며, 수십 년이 지난 지금까지도 동행을 지속하고 있다.

1국가 1에이전트 전략은 중소기업으로서 세계시장을 공략할 수 있는 최선의 전략이었다고 자부한다. 만약 그러한 전략을 찾지 못하고 대부분의 중소기업들처럼 OEM 수출을 했다면 당장은 이익을 더 많이 보았을지 모르지만 지금의 '코맥스'라는 브랜드는 없었을 것이다. 1국가 1에이전트 전략을 펼침으로써 우리 브랜드를 포기하지 않고 세계 곳곳에 우리 자체 브랜드를 심을 수 있었다.

다품종, 다변화로
리스크를 분산하다

한 국가마다 한 사람씩 친구가 생겼다. 즐거운 일이었다. 제품을 팔아줄 동지이자 함께 꿈을 키워가는 친구들이 늘어났으니 말이다. 우리 같은 중소기업을 먼저 알고 찾아오는 거래처도 있었다. 1974년 경에 남아프리카공화국에서 찾아온 엘러트 사장이 그랬다. 그는 동생뻘 되는 나이에 결혼도 하지 않은 총각 사장이었는데, 한국전자전에 참가하면서 우리 회사를 찾아와서는 무례한 태도로 말도 안 되는 조건을 내걸며 거래를 하자고 했다. 고객 감동을 부르짖긴 해도 예의나 원칙에 어긋나는 것을 호락호락 받아주는 사람은 아니었기 때문에 단호히 "NO"라며 그런 조건으로는 거래를 하지 않겠다고 거절했다. 그랬더니 엘러트가 뒤로 물러서며 한국과 남아프리카공화국이 거리가 상당히 먼데 혹시 불량이라도 날 경우를 대비하는 것이라 설명했다.

"엘러트, 우리 회사는 어떻게 알고 찾아온 거요?"
"캐나다 소식을 듣고 알았소. 캐나다에 납품한 물건이 불량 났을 때 전량 리콜 재납품해주었다는 얘기를 들었소. 비록 조그만 나라 중소기업이라도 그 정도 신뢰를 지키는 사람은 믿어도 되겠다 싶어서 찾아온 거요."

"그런데 왜 불량 걱정을 하시오? 믿고 계약해야지."

남아프리카공화국과는 그렇게 거래를 텄다. 지구촌은 넓고도 좁은 것인지, 캐나다 에이전트에게 신뢰를 지킨 일이 남아프리카공화국에 알려져 거래를 트게 하다니. 고객과의 약속을 목숨처럼 지켜야 한다는 것을 다시금 깨닫게 되는 일이기도 했다. 여하튼 나이 차도 얼마 되지 않는 엘러트와는 언쟁을 벌이다가 친구처럼 친해져서 수십 년 거래를 하게 되었고 지금까지 코맥스와 인연을 이어가고 있다.

남아프리카공화국은 물론, 나이지리아(당시 나이지리아는 위험한 곳이라 들어가는 것조차 불안했지만 거래를 성사시켰다), 모로코, 이집트…… 이렇게 아프리카 지역의 나라들과도 거래를 했다. 미국, 영국과 같은 선진국뿐만 아니라 개발도상국이나 저개발 국가 등 세계 곳곳의 나라들과도 인연을 맺은 것이다. 그런데 이렇게 수많은 나라와 거래를 하다 보니 소량 주문이 많았다. 대량 주문을 하기엔 그쪽 시장 상황이 맞지 않았기 때문이다. 당연히 우리 경리 부서에서는 문제 제기가 있었다.

"사장님, 1,000달러, 2,000달러 규모의 소량 주문은 차라리 받지 않는 게 더 이익입니다. 수출 경비가 더 들어가서 오히려 납품할수록 손해가 납니다."

"아니야. 그래도 납품을 계속해야 하네."

"손해가 나는데도요?"

"지금 소량 주문을 받지 않으면 거래를 이어갈 수 없게 될 수 있네. 손해를 보더라도 주문을 받으면 지속적인 거래를 이어나갈 수 있지. 뭐가 더 이익이겠나?"

고객에게 맞추다 보니 소량 생산을 감수해야 했지만 손해라고 생각하지 않았다. 지금은 득이 안 되는 소량 주문 거래를 이어가다 보면 나중에 대량 주문으로 바뀔 수도 있다. 나는 씨를 뿌리는 것이라 생각했다. 물론 뿌린 씨앗이 모두 살아남는 것을 기대하지도 않았다. 그중에서 50%만 살아남아도 선방한 것이다. 아니, 선방 정도가 아니라 살아남은 50%가 다시 새로운 발판이 되어 더 큰 성과를 낼 수 있다.

그런 생각을 확고히 하게 된 계기는 오일쇼크였다. 1973년 무렵, 제1차 오일쇼크가 전 세계를 강타했는데, 특히 우리나라는 원자재비 상승으로 인해 가격 경쟁력에 타격을 입고 하루아침에 도산하는 기업이 속출했다. 잘 나가던 기업들이 도산하는 경우를 꼼꼼히 분석해본 결과 리스크 분산이 되어 있지 않아서였다는 것을 간파할 수 있었다.

그래서 해외 진출 초기부터 나는 1국가 1에이전트 전략으로 한국가와의 거래에 올인하기보다는 소량 주문이라도 세계 각국을 거래처로 만들었던 것이다. 해외 주문 건이 안정적으로 증가한 덕분에 오일쇼크의 여파가 이어지는 동안에도 오히려 외화 소득이 급증하는 호황을 누릴 수 있었다.

코맥스가 수십 년 동안 지켜온 '다품종 맞춤 생산, 시장 다변화 전략'은 그러한 복합적인 배경에서 나온 것이다. 제품의 다품종화를 위해 인터폰뿐만 아니라 각종 통신기기를 개발 생산했고, 수출지역도 미주와 유럽 위주에서 중남미와, 아프리카, 동남아시아 등 세계 각지로 다변화시켰다. 그야말로 다품종 맞춤 생산, 시장 다변화 전략이었다.

이러한 전략은 고객의 다양한 니즈와 수요에 맞추는 유연한 전략인 동시에 거래 국가와 시장을 다변화하여 리스크를 분산시킨다는 측면에서 중소기업에게는 필생의 생존 전략과도 같았다. 미주 시장이 위기일 때는 아프리카 시장이 받쳐주고, 홈 네트워크 매출이 위태로울 때는 홈 오토메이션 매출이 채워주는 식으로 다품종, 다변화 전략은 지금까지도 빛을 발하고 있다. 또한 갈수록 고객의 니즈가 다양해지고 급변하는 시장 흐름에 맞는 장기적인 성장 전략의 씨앗이 되었다.

물론 비용이 많이 들어가고 성과를 보려면 오랜 시간이 걸린다는 단점이 있다. 그러나 경영은 씨앗을 뿌리는 일이다. 당장은 손해를 보는 것 같아도 오래 두고 보면 결과가 달라진다. 언제 성과를 보나 싶어 답답하겠지만, 시간은 생각보다 느리지 않다. 이내 싹이 움트고 자라듯이 코맥스라는 브랜드도 금방 자랐다. 장기적인 안목이란 바로 씨 뿌리는 농부의 마음과 다르지 않다.

게임의 룰을
새롭게 짜라!

역발상은 단지 제품 개발이나 마케팅 전략에 국한된 이야기가 아니다. 인생의 모든 순간, 기업 경영의 모든 순간에서 적용되는 보다 광범위한 개념이라 할 수 있다. 흔히들 하는 비유로, 컵에 물이 반 정도 찼을 때 누군가는 컵에 물이 반밖에 없다고 말하고, 누군가는 컵에 물이 반이나 있다고 말한다. 같은 상황을 놓고도 다르게 바라볼 수 있는 시각이 필요하다.

중앙전자의 고객 만족, 고객 감동 경영의 분기점이 된, '스티커 A/S'도 역발상에서 나왔다. 오일쇼크로 국내 건설 경기가 얼어붙자 영업 일이 줄어든 세일즈맨들과 함께 우리 인터폰을 달고 있는 가정들을 방문하면서 무상 점검 및 A/S를 시행했다. 점검을 한 집에는 스티커를 붙여주고 우리 전화번호를 남겼기 때문에 '스티커 A/S'라 불렀는데, 그 일도 오일쇼크로 인한 건설 경기 침체를 침체로 보지 않고 고객 서비스를 획기적으로 발전시킬 기회로 삼은 역발상이 있었기에 가능한 일이었다.

1국가 1에이전트 전략은 또 어떠한가? 자본도 인력도 투입할 수 없는 중소기업으로서 우리 자본과 인력이 아닌 현지 회사를 통해 우리 브랜드를 심고 우리 제품을 판 전략이 아닌가. 그 또한 자본과 인력의 열세를 열세로만 보지 않고 새로운 해법을 찾았기에 가능한 일이었다. 결과적으로 1국가 1에이전트 전략은 자연스럽게 우리의 시장을 다변화시켜서 오일쇼크를 이기는 힘이 되어주었을 뿐 아니라 지금까지 코맥스 해외시장이 건재할 수 있는 밑거름이 되었다.

기업 간의 경쟁에 있어서도 역발상 전략을 잘 세우면 열세적인 상황에서도 이길 수 있다. 중앙전자가 인터폰, 도어폰에 주력하면서도 차임벨 생산을 함께 병행하던 때의 일이다. '딩동' 소리 대신 '솔미도' 화음을 벨소리로 개발하여 특허까지 받은 우리의 차임벨 생산은 1990년대 초까지 계속되었는데, 상당한 효자 상품 노릇을 해주었다. 그런데 1980년 무렵 차임벨 생산을 둘러싸고 Y사와 치열한 경쟁을 벌인 적이 있었다. Y사는 차임벨을 주력 상품으로 하던 회사였는데, 우리의 도어폰을 공급해달라고 하더니 나중에는 우리 것을 아예 카피해서 시장을 잠식해 들어왔다. 상황이 이렇다 보니 Y사와 중앙전자 사이에 일대 접전이 벌어졌다. 영업부에서는 매일같이 전략회의를 열어 대책을 논의했다. Y사는 한 달에 만 대를 생산하고 있었지만, 우리는 인터폰이라는 혁신 상품에 주력해야 했기에 차임벨 생산을 그만큼 할 수 없었다. 이런 상황에서 어떻게 그들을 이길 수 있었을까?

"무조건 품질을 높이게. 그들과 차별화된 차임벨을 만들어. 그러고는 가격을 낮춰서 공급하게."

"그럼 손해를 보지 않습니까?"

"보겠지. 그 대신에 소량만 생산하는 거야. 1,000대 정도만 생산하면 손해를 최소화할 수 있지 않겠나? 1,000대 다 팔아봤자 손해가 그리 크지 않아."

"그래서요? 손해만 최소화하면 뭐하나요?"

"우리가 가격을 낮추면 그들도 낮출 수밖에 없어. 그러나 그들은 10,000대라고. 그들의 손해액은 엄청나지."

산뜻한 디자인과 우수한 품질의 제품을 저렴한 가격에 소량만 납품한다! 그 전략의 결과 시장에서는 우리 제품이 항상 품귀 현상을 빚었고 반면에 소비자들은 Y사의 높은 가격에 불만을 토로했다.

"품질도 디자인도 중앙 것이 더 좋은데, Y사는 왜 가격이 이렇게 높은 거야?"

이런 불만이 이어지자 Y사는 계속해서 가격을 더 낮추지 않을 수 없었다. 그러면 우리도 가격을 다시 낮췄다. 이런 상황이 몇 년 지속되자 Y사는 자금 압박을 심하게 받게 되어 결국 차임벨 생산에서 손을 뗐다. 우리 도어폰을 카피해서 생산하던 것에서도 손을 뗐다.

그보다 앞서 인터폰 생산업체인 S사와도 비슷한 경쟁을 벌인 적이 있었다. S사는 우리보다 훨씬 정밀한 기술이 필요한 인터폰을 만들고 있어서 초창기에 소비자들의 반응이 좋았다. 우리 인터폰은 1:1 통화만 가능했는데 S사의 인터폰은 여러 사람이 동시 통화가 가능했다. 나는 공학을 전공한 친구들을 구해서 S사의 제품을 분석했다. 분석 결과 공학 전문가들은 "S사의 제품은 고장과 결함의 소지가 크기 때문에 제조 후 1년 즈음에는 고장률이 엄청날 것"이라는 것을 알아냈다. 다시 전략회의가 이어졌다.

"우리도 똑같은 제품을 만들어서 시장을 공략해야 합니다."

"아니, 아니야. 그러지 말자고."

"왜요?"

"1년 내에 고장이 나는 제품을 만들면 소비자들의 신뢰만 잃게 될 게 분명해. 그러니 S사와 경쟁할 것이 아니라 우리 독자 노선을 가는 게 낫겠어. 어차피 그들 제품은 불량 문제로 소비자들 스스로 판단해서 외면하게 될 걸세."

"그러면 지금 그들의 시장 점유를 어떻게 당해냅니까?"

"우리 제품을 더 업그레이드시키자고. 그들이 가진 장점에 대응할 수 있는 우리만의 장점 말이야."

그때의 전략은 '만들 수 있지만 만들지 않는다!'였다. 기술이 앞선 그들의 제품을 따라가느라 에너지를 낭비할 것이 아니라 우리만의 새로운 것을 만들어 대응하기로 했다. 그래서 나온 것이 '벽걸이형 인터폰'이었다. 전화기처럼 바닥에 놓고 쓰던 것을 단지 벽에 걸었을 뿐인데, 소비자들의 반응은 참으로 놀라웠다.

모든 것이 전략이다. 그리고 창의적 전략은 역발상에서 나온다. 대기업이라고 해서 항상 강자고 늘 이기는 게 아니고 중소기업이라고 해서 항상 약자고 늘 지는 게 아니다. 소년 목동이던 '다윗'이 거인 '골리앗'과의 싸움에서 힘이 강해서 이긴 것이 아니다. 물맷돌 하나로 이긴 것이다. 나만의 물맷돌을 발견하는 것이 역발상이다. 자기만의 고정관념, 사람들이 만들어놓은 생각의 틀에서 벗어나 자유로운 시각으로 다르게 생각해보는 것이 중요하다.

게임의 룰은 정해져 있지 않다. 역발상을 통해 나만의 게임의 룰을 창의적으로 만들어 나가는 게 중요하다. 세상이 짜놓은 게임의 룰이 아니라, 나의 상황과 여건, 나의 역량 등에 맞는 나만의 게임의 룰을 짜라. 그러면 인생의 판도도 바꿀 수 있다.

6부

미래 경영

변화를 즐기는
사람이 강하다

4차 산업혁명이라는 변화에
적응하기 위해 새로운 혁신을
준비해왔다.
이번엔 '스마트 홈 IoT'다.
집 전체가 하나의 인공지능이 되어
고객의 삶을
스마트하게 변화시킬 것이다.

남보다 먼저 가는 사람이 아니라

시대를 읽을 수 있는 사람이 이긴다.

시대를 읽을 수 있는 사람보다

새로운 것을 창조할 수 있는 사람이 앞선다.

새로운 것을 창조하는 사람보다

함께 시너지를 낼 수 있는 사람이 멀리 간다.

변화를 두려워하지 마라,

변화를 즐길 수 있는 사람이 가장 강하다.

아는 만큼 보이고
보는 만큼 이긴다

|

하루에 두어 시간 정도는 대화하고 하루에 두어 시간 정도는 세상을 본다. 여기서 세상을 본다는 것은 책, 신문, 잡지, 인터넷, 방송 등 온갖 세상 돌아가는 것에 대한 정보를 읽는다는 것이고, 대화한다는 것은 공식적인 자리든 비공식적인 자리든 코맥스 식구들 더 나아가 세상 사람들, 다양한 사람들과 소통한다는 것이다. 규칙으로 정해놓고 하는 것은 아니지만 경영인으로서 살아온 세월 동안 굳어진 나의 라이프스타일이라고 할 수 있다.

왜 이런 라이프스타일을 가지게 되었을까? 미래를 '예측'하지 않고는 경영할 수 없기 때문이다. 흔히들 예술가들에게 영감이 필요하다고 하지만 예술가만이 아니라 사업가에게도 영감이 필요하다고 생각한다. 즉 미래를 보는 혜안이랄까, 통찰의 눈이 필요하다는 말이다. 전화교환기 사업을 하다가 인터폰 사업으로 눈을 돌리게 된 것은 술자리에서 친구의 말을 듣고 느낌이 왔기 때문이다.

"전화교환기 사업은 아무래도 접어야 할 것 같다. 뒷거래 없이는 사업을 할 수 있는 구조가 아니야. 그런 식으로 돈 벌어서 뭐하겠냐?"

"봉덕아, 그러면 인터폰 사업을 해보면 어떻겠니?"

인터폰! 친구의 말을 듣는 순간 인터폰이라는 세 글자가 뇌리에 와서 박히는 느낌이었다. 나중에 알고 보니 친구는 "사업 문제로 고민하는 친구의 푸념에 생각나는 대로 이야기한 것뿐"이라고 하긴 했지만, 적어도 그 순간 나는 한번 시도해볼 만한 아이템이라는 확신이 들었다. 좀 거창하게 표현한다면 나는 친구의 한마디에 새로운 미래를 보았다.

그때가 1968년이었는데 우리나라 통신 시장이 심각할 정도로 위축되어 있던 시기였다. 요즘처럼 휴대폰에 SNS, 인터넷 등 통신이 사람의 신경망처럼 긴밀하게 연결되고 활성화되어 있는 시대에는 상상도 할 수 없는 일이지만, 당시는 전화 수요가 폭발하는데도 공급은 턱없이 부족해서 전화기 한 대라도 놓을라치면 집 한 채 값이 들어가던 시절이었다. 정확히 말하자면 전화기 자체의 값이 비쌌다기보다는 전화를 사용하는 데 필요한 국선을 놓기가 어려운 현실이었다. 전화 놓기가 이렇게 힘들 때니 국선을 놓을 필요 없이 가정이나 건물 구내에서 서로 통화가 가능한 인터폰이 '될 만한 아이템'이라는 감이 왔던 것이다.

전화교환기 사업을 시작할 때부터 전자 및 통신 분야가 전망이 좋다는 판단은 하고 있었다. 수학을 전공한 내가 전공과도 상관이 없는 아이템으로 사업을 시작하게 된 데에는 그런 판단이 깔려 있었다. 그래서 전화교환기를 대체할 아이템을 고민하다가 인터폰이라는 말을 들었을 때 '이거다!' 싶었던 것이다.

곧바로 사업 구상에 착수했다. 바로 다음해인 1969년 1월부터 「전자공업진흥법」이 시행된다는 것도 판단을 굳히는 데 한몫을 했다. 시대적인 흐름이 전자공업 쪽으로 가고 있음이 예상되었기에 그런 시책에 따라 움직여야 함은 당연한 일이었다.

1970년대의 건설 경기 붐도 큰 도움이 되었다. 특히 여의도에 들어서는 아파트에 인터폰을 설치하자 잠실, 용산구, 이촌동에 이어 강남까지 아파트 건설 붐의 흐름을 타고 인터폰이 들어가게 되었다. 건설 붐과 함께 아파트가 새로운 주택문화로 자리 잡아가던 시대적 흐름과 인터폰은 딱 맞아떨어졌다. 운이라면 운이겠지만 시대적 흐름과 시책을 조금씩 미리 내다보고 사업에 뛰어들었던 것이 결정적인 성공 요인이었다.

인터폰뿐만이 아니라 비디오폰 역시 시대적인 흐름을 내다본 아이템이라 할 수 있다. 1970년대 인터폰으로 기업의 터를 닦은 코맥스는 1990년대에 급성장의 일대 전환점을 맞이했는데 그 일등 공신이 바로 비디오폰이었다. 비디오폰을 개발하게 된 데에도 작은 계기가 있었다.

1972년부터 꾸준하게 참가해온 일본전자박람회가 큰 도움이 되었다. 일본전자박람회에 꾸준히 참여한 것은 일본 시장을 공략하겠다는 의미보다는 우리보다 앞서 있던 일본의 전자산업을 두 눈으로 직접 보고 배우겠다는 의미가 더 컸다. 전자박람회뿐 아니라 1년에 한두 번은 꼭 일본에 가서 시장조사를 하곤 했다. 그러던 중 일본 기업 소니에서 만든 플랫타입 CRT 모니터 제품을 볼 기회가 있었다.

그때도 '이거다!' 하면서 무릎을 탁 쳤다. 바야흐로 영상시대가 열리고 있다는 것을 직감할 수 있었다. 듣기만 하는 인터폰이 아니라 볼 수 있는 인터폰을 만들어야 한다는 확신이 섰다.

많이 보고 많이 들어야 한다. 무엇을 보고 듣느냐가 중요하다. 아는 만큼 보이고 보는 만큼 새로운 것을 창조할 수 있다. 그래서 지금도 나는 읽고 듣고 대화하는 것을 멈추지 않는다. 시대를 읽어야 코맥스가 나아갈 방향에 대해 끊임없이 큰 그림을 그려보고 젊은 리더들에게 방향을 제시해줄 수 있기 때문이다.

한 보가 아니라
반 보만 앞서가라

비디오폰, 즉 비디오 도어폰(video door phone) 개발은 음성 도어폰 개발과는 비교할 수 없을 만큼 힘겨운 과정이었다. 1980년대 중반에 흑백 비디오폰을 개발한 적이 있었으나 결과가 그리 만족스럽지 않았다. 그러던 중 뜻밖의 방문을 받았다. 스페인의 인터폰 전문회사인 A사 사장이 코맥스를 찾아온 것이다. 그는 마주 앉자마자 커다란 종이 한 장을 테이블 위에 펼쳐보였다.

"이게 뭡니까?"

"비디오폰 도면입니다. 이대로 만들 수 있겠습니까?"

"해보겠습니다."

"시간은 얼마나 걸리겠습니까?"

"3개월!"

"3개월 만에 가능한가요?"

"가능하도록 만들어야죠."

오디오의 시대가 저물고 비디오의 시대가 새롭게 열리고 있음을 모르지 않던 나로서는 어떻게 해서든지 비디오폰을 개발해야 했는데 그런 상황에서 A사의 제안이 좋은 계기가 될 수 있었다. A사에서 요구한 것은 목업(mock-up)이었지만 나는 3개월 만에 완제품을 만들어서 스페인으로 찾아갔다. 제품을 꺼내서 실제 작동까지 해보였더니 A사 오너는 반색을 하기는커녕 침울한 표정으로 한숨을 쉬는 것이 아닌가. 뭔가 잘못된 부분이라도 있는 건지 불안해서 그 이유를 물었더니 그는 이렇게 대답했다.

　　"사실 제대로 만들어 오리라고는 생각지 못했습니다. 별 기대 없이 요청한 것이죠. 그런데 뜻밖에도 기대 이상으로 너무나 잘 만들었네요. 그러니 이제 큰일이 아닙니까. 우리 A사는 인터폰으로 100년 된 기업인데, 오디오 시장에서는 잘해왔으나 최근 비디오 시장은 제대로 접근하지 못하고 있습니다. 20년도 안 된 한국의 중소기업에서도 이렇게 만들어내는 걸 보니 앞으로 우리 회사가 어떻게 생존 경쟁에서 살아남을 수 있을지 참 답답합니다."

　　그 일을 계기로 우리는 스페인 A사에 비디오폰을 공급하는 한편, 국내 시장에도 선을 보였다. 비디오폰 기술을 더욱 발전시키고 기능을 한층 업그레이드하여 우리만의 비디오폰을 개발하는 데 성공한 것이다. 영상이라고 하면 흑백 텔레비전이 고작이던 시절에 비디오폰을 출시하자 사람들의 반응은 즉각적으로 나타났다. 텔레비전도 아닌데 사람의 얼굴이 보이고 목소리가 들리는 데다 연예인처럼 자신의 얼굴이 화면에 비치니 보는 사람마다 신기해했다. 건설사들도 아파트를 지을 때 서로 앞다퉈 비디오폰을 설치했는데, 비디오폰을 설치한 아파트는 고급 아파트로 인식되어 소비자들에게 인기가 높았기 때문이다.

시대의 흐름과 딱 맞아떨어진 비디오폰은 엄청난 수익을 가져다주었다. 그도 그럴 것이 오디오 제품은 제품 하나당 가격이 1만 원, 2만 원에 불과했지만 비디오폰은 제품 하나당 가격이 30만 원이 훌쩍 넘었기 때문에 순식간에 매출액이 10배, 20배로 뛰어올랐던 것이다.

흑백 비디오폰 개발은 금세 컬러 비디오폰 개발로 이어졌다. 스페인 A사를 찾아가 우리가 개발한 컬러 비디오폰을 보이자 두 눈이 휘둥그레졌다. 얼마에 팔겠냐고 묻기에 350달러를 불렀더니 너무 비싸서 스페인 시장에서는 팔기 힘들겠다며 "변 사장은 한국 시장에서 이 비싼 것을 어떻게 팔려고 그러냐?"며 오히려 반문했다.

"상위 2~3% 부자들에게 파는 겁니다. 100달러짜리 시장이 따로 있고 500달러짜리 시장이 따로 있는 거지요. 작은 시장만 보지 말고 마켓 세그먼테이션(market segmentation)을 하십시오. 어마어마한 저택에서 개인 경비까지 두고 사는 그런 부자들이 스페인에는 얼마나 됩니까? 그들에게는 500달러 아니 1,000달러가 문제가 되겠습니까? 그런 사람들만 해도 엄청나게 큰 시장이지요. 고가인 만큼 매출도 커집니다."

이번에도 A사와의 수출 거래가 성사되었다. 비디오폰은 국내 시장에서도 물론 호황이었다. 1989년 들어 개발 완료한 비디오폰은 영상과 음성 중 어느 한쪽만이 아니라 2선을 이용하여 동시에 전송하는 2선식의 파워 내장형이었다. 다른 회사 제품은 4선식의 파워 외장형이어서 크기도 부담스럽고 기능도 떨어지는 데 반해 코맥스에서 개발한 2선식 파워 내장형은 분명 기술적인 진전이었고 이를 계기로 기술력을 크게 인정받을 수 있었다.

우리가 개발한 비디오폰이 국내 최초였던 것은 아니다. 영상과 음성을 동시에 소화하는 비디오폰을 개발하려다 보니 시간이 많이 걸렸고, 그래서 '국내 최초'라는 타이틀을 빼앗겼다. 그럼에도 반 보만 앞서간 비디오폰은 코맥스의 히트 상품이 되었다. 도어폰이 1980년대에 중앙전자를 성장시켰다면 비디오폰은 1990년대에 코맥스를 도약하게 만들었다. 단순히 히트 상품 정도가 아니라 기업의 수준을 격상시키는 결정적인 터닝 포인트가 되어주었다.

성공하려면 시대를 앞서가야 한다고들 한다. 맞는 말이다. 그런데 시대를 앞서간다는 것이 엄청난 예지력으로 남들이 생각지도 못하는 것을 혼자서 생각해내는 천재적인 발상을 이야기하는 것만은 아니다. 아니 오히려 지나치게 앞서가면 당대에 인정받지 못할 가능성이 높다. 한 보, 아니 반 보만 앞서가면 된다. 아주 조금만 민첩하게 움직이면 급변하는 시대에 적응해 나갈 수 있다.

미래는 '지금'
만들어가는 것

|

새로운 밀레니엄을 몇 달 앞둔 1999년 중반 무렵. 임원회의의 화두는 단연 '변화'였다. "우리도 이제 사업을 대대적으로 바꿔보자!"는 의견이 제시되었다.

"신규 사업을 찾아야 합니다."

"홈오토메이션 시장은 이미 성숙기에 접어들어서 성장세가 둔화되었습니다. 새로운 동력이 필요합니다."

"그동안 코맥스는 전자통신기기 단품 위주로 생산해왔는데 앞으로는 단품들 간에 결합 연동되는 시스템 사업으로 확장해가야 합니다."

모두가 맞는 말이었다. 돌아보면 약 10~20년 단위로 새로운 동력을 찾아왔다. 아무리 혁신적인 제품이나 기술이라고 해도 세월이 지나면 추진 동력이 약해지고 힘을 잃는다. 시대적인 흐름도 달라졌기에 이전에는 빛을 발하던 기술이라도 지금은 전만 같지 못할 수 있다. 그런 때가 되면 새로운 동력을 찾아야 하는 것이다.

1990년을 코앞에 두고 개발한 비디오폰은 약 10년간 우리 코맥스의 성장동력이었다. 또한 비디오폰뿐만 아니라 비디오폰 기능을 갖춘 홈오토메이션 시스템까지 개발하여 함께 공급하기도 했다. 홈오토메이션은 화재 감지 및 가스 누출, 방범, 비상 호출 기능 등 각종 시큐리티 기능을 갖춘 시스템이었다.

그런데 세계는 또다시 변화하고 있었고, 동물들이 지진이나 자연재해가 올 때 그것을 사람보다 먼저 감지하듯이 우리는 예민한 감각으로 새로운 변화를 감지하고 있었다. 변화의 조짐은 이미 여기저기서 보였다. '인터넷' 열풍이 불어오고 있었던 것이다.

1990년대 후반부터 전국에 PC방들이 우후죽순처럼 생겨나고 각 가정마다 PC가 보급되는 등 수많은 변화들이 '인터넷'이라고 하는 새로운 패러다임의 시대적 변혁을 예고하고 있었다. 각종 산업 현장에서 인터넷이 필수요건으로 자리 잡았고 기업에서 일반 가정까지 모든 생활과 산업 현장 깊숙이 침투해 들어가고 있었다. 인터넷이라는 용어가 일반화되기 시작한 1998년경부터 2000년대 초에 이르는 그 짧은 기간 동안 인터넷은 어느새 전 세계 경제에 직접적인 영향을 미치는 확고한 위상을 차지했다. "우리도 이제는 사업을 바꿔보자"는 일성은 그러한 변화의 움직임과 무관할 수 없었다. 신규 사업을 개발한다면 그것은 분명 인터넷 개념을 도입한 것이어야 했다.

물론 대기업에서도 손대기를 꺼려 하는 신규 사업에 뛰어든다는 것은 중소기업인 코맥스로서는 적지 않은 용기가 필요한 일이었다. 그러나 나는 미래가 다가올 때까지 기다리지 않고 과감하게 미래를 만들어가기로 마음먹었다.

"디지털 시대에 맞는 신규 사업 개발을 위한 TF팀을 만들게!"

당시 이상노 전무를 비롯한 연구개발, 생산 관련 부서에서 시작된 제안을 토대로 신규 사업 개발을 적극 추진하기로 했다. 우선 신규 사업 개발을 이끌어 갈 인력 구성이 필요했다. 다만 공개적으로 할 경우 사전 정보 유출 등의 우려가 있기 때문에 대외비 별동팀 형식의 TF팀을 조직해서, 이상노 전무에게 전권을 맡겨 팀을 직접 관장하며 개발 과정과 진행을 독려하도록 했다. 일명 '사이버팀'이었다.

사이버팀은 코맥스의 미래를 디자인하는 역할을 맡은 것이나 마찬가지였다. 사이버팀에서 어떤 신규 사업 아이템을 개발해내느냐에 따라 코맥스의 미래가 달라졌다. 사이버팀 전원이 그러한 책임감을 갖고 연구개발에 임했다. 그들의 노력으로 탄생한 것이 바로 홈 네트워크 시스템이었다. 홈 네트워크 시스템은 가정에서 사용하는 가전제품을 네트워크로 연결하여 한곳에서 제어 통제하는 시스템이었는데, 일본의 소니(Sony)와 산요(Sanyo) 등 전문 기업에서 이미 개발을 완료하였고 국내 일부 대기업에서도 내부 검토한 바가 있긴 했으나, 이를 구체화하여 일반 대중의 눈앞에 내놓은 것은 코맥스가 최초였다.

코맥스에서 출시한 홈 네트워크 시스템은 PC를 기반으로 하는 사이버 홈 시스템으로 개별 세대를 단일 네트워크로 이어주는 홈 서브 기능을 가지고 있어서 기존 비디오폰과도 호환이 되고 리모컨 기능을 통해 집 안의 가전기기를 통합 제어할 수 있었다. 텔레비전, 에어컨 등 가전제품의 세부 기능을 제어하는 것은 물론이고 전기, 가스, 상수도 사용 등을 외부에서 확인할 수 있는 원격검침 기능, 현관문 열림과 가스 밸브 잠금, 전등 끄고 켜기 등의 제어 기능, 외출 시 자동제어 기능, 인터넷 접속 기능 등 다양한 기능을 갖추고 있는 획기적인 시스템이었다.

2000년대는 홈 네트워크의 시대였다. 초고층 주상복합아파트와 대단위 아파트가 등장하면서 홈 네트워크 시장도 활짝 열렸다. 특히 2002년 월드컵 이후 서울 강남 지역은 홈 네트워크 시스템의 각축장이 되었다. 코맥스는 홈 네트워크 시스템의 선두주자로서 2004년 3월 잠실 롯데백화점 옆에 건설하는 갤러리아 팰리스의 홈 네트워크 공사를 따냈다. 전체 LAN 방식을 통한 홈 네트워크 시스템을 구축하고, 전체 907세대에 상당한 가격의 제품을 공급하는 일이었다. 15인치 월패드와 유럽풍의 홈 플레이트, 10.2인치 웹 패드 등 당시로서는 첨단 제품들이 들어갔다. 이 공사를 계기로 코맥스는 홈 네트워크 사업의 발판을 굳건히 다질 수 있었다.

홈 네트워크 시스템은 이전의 아이템들인 홈 오토메이션, 비디오, 도어폰과는 비교가 안될 정도로 높은 부가가치를 가지고 있었다. 그 가능성을 일찌감치 발견했기에 홈 오토메이션 기업에서 홈 네트워크 기업으로 완전히 탈바꿈했고, 홈 네트워크 관련 기술 또한 꾸준히 업그레이드시켰다. 특히 웹 패드를 포함, 터치스크린, 홈 서버 등 30여 개의 관련 제품군을 순수 독자 기술로 개발하는 데 성공했다.

기업은 새로운 것을 계속해서 만들어내는 데에 그 존재 가치가 있다. 새로운 것을 만들어내지 못하는 순간 기업의 생명력은 끝난다고 해도 과언이 아니다. 그런데 새로운 것을 만들어내는 것은 말처럼 쉽지 않다. 기업이나 사람이나 관성에 따라 과거부터 해온 것을 계속하거나 과거에 통하던 방법이 앞으로도 통하리라고 막연히 믿고서 해오던 대로만 하려는 경향이 있기 때문이다. 자기도 모르는 사이 타성에 젖어버리는 것이다. 익숙한 가치가 아니라 새 시대가 담고 있는 새로운 가치를 바라보아야 한다. 그래야 변화의 포인트를 잡을 수 있다.

미래는 미래 시제가 아니라 현재 시제다. 앞으로의 전망이나 시대적인 흐름을 미리 알아챘다면 그것만으로도 큰 행운이자 능력이지만 거기에서 그치면 안 된다. 어떻게 변화해야 할 것인지 그 포인트를 잡고 행동해야 한다. 막연히 기다리고 있을 것이 아니라 다가올 미래에 대해 '지금' 대비해야 하는 것이다. 미래는 기다리는 것이 아니라 만들어가는 것이기 때문이다.

먼저 알아채고
움직여라

아주 오래 전에 '홈 로봇'을 구상했던 적이 있었다. 코맥스가 홈 오토메이션 제품을 출시하기도 전이었으니 아마도 20년도 더 전인 것 같다. 집 안 청소를 대신해주거나 주인의 간단한 심부름을 해주는 홈 로봇! 미국을 방문했을 때 한 회사의 로봇 전시회를 본 다음에 구상하게 되었다. 실제로 그 회사와 기술 협력을 하면서 추진했었지만 안타깝게도 지속하지는 못했다. 내가 상상하는 로봇을 만들어낼 방법이 없었기 때문이다. 아이디어만 있을 뿐 그것을 구현할 수 있는 부품소자, 무인 자동화, 소프트웨어 등 기술이 아직 부족했던 것이다. 너무 시기상조라는 판단이 들었다. 적어도 20년은 더 있어야 가능성이 보이지 않을까 싶었다.

물론 홈 로봇 개발을 중단했다고 해서 그에 대한 꿈을 완전히 포기한 것은 아니었다. 항상 마음속으로는 사람의 말 하나로 집 안 모든 것을 제어할 수 있는 그런 시스템을 상상했다. 갤러리아 팰리스에 설치한 홈 네트워크 시스템도 그런 상상에서 개발하게 된 것이다. 사람이 자유롭게 오가면서 말 한마디로 집 안의 이런 저런 환경을 제어할 수 있는 시스템이니 말이다.

그러나 여전히 홈 로봇은 불가능한 미래처럼 보였다. 그런데 요즘에야 그 가능성을 눈으로 확인하고 있다. 바로 '인공지능 로봇'의 가능성이다. 물론 발달된 형태의 홈 로봇은 아직도 갈 길이 멀지만 서서히 그 가능성이 열리고 있는 것만은 분명하다. 코맥스에서는 홈 IoT로 시작하고 있다.

"오늘 날씨 어때?"

"거실 온도 좀 올려줘."

"커튼 활짝 열어줘."

"기분이 우울한데…… 신나는 음악 좀 틀어줘."

"오늘은 뭐 입고 나갈까?"

홈 IoT 시스템에서는 이러한 고객의 궁금증이나 니즈들을 바로바로 해결해준다. 고객이 물어볼 때마다 "오늘은 미세먼지가 심하니 외출 시 마스크를 준비하라"고 알려주고, 직장 일로 스트레스가 심할 때 내가 좋아하는 음악을 알아서 틀어주고, 중요한 회의에 나갈 때 넥타이까지 골라준다.

10년 아니 5년 전만 해도 그러한 생활이 가능하리라고 생각한 사람이 몇이나 있었겠는가. 그러나 불과 몇 년 만에 상황이 달라져서, 많은 사람들이 머지않은 미래에 그런 생활이 가능해질 거라고 조금씩 느끼고 있다.

그렇다면 기업은 언제부터 그것을 감지하고 있었을까? 사람들이 지금에서야 조금씩 느끼기 시작했다고 해서 기업도 지금 그것을 느끼다면, 미안한 이야기지만 그 기업에게는 앞으로 별다른 비전을 기대하기 어렵다. 기업은 조금 더 먼저 알아채고 움직여야 한다.

지금 우리는 인공지능 등 지능정보기술을 기반으로 한 4차 산업혁명의 거대한 흐름 속에 있다. 물론 아직은 실감하지 못하는 사람도 많겠지만 인터넷이 순식간에 우리 삶을 바꾸었던 것처럼 지능정보기술도 순식간에 모든 것을 바꿔놓을 것이다.

코맥스는 20년 전 인터넷을 기반으로 한 디지털 혁명이 일어나기 시작하던 무렵에 인터넷을 기반으로 한 홈 네트워크 시스템을 개발해낸 것처럼, 4차 산업혁명이라는 새로운 변화에 적응하기 위해 새로운 혁신을 준비해왔다. 그것이 바로 '스마트 홈 IoT'이다. 이것은 음성 인식과 서버 전송, 온도, 습도 등에 대한 감지 센서, 인공지능과 빅 데이터까지 연계하는 등 모든 기술을 총망라한 새로운 시스템이다. 즉 집 안의 가스·화재·침입 감지는 물론, 주차·에너지 관리시스템, 엘리베이터 등 단지 내 여러 시스템과 연계되며, 모바일을 통해 언제 어디서나 집 안팎의 모든 것을 제어할 수 있다.

또 코맥스가 출시할 AI 비서 '앤서(프로젝트명)'는 홈 IoT 제품과 연동해서 가정 내 기기를 제어하고 관리할 수 있다. 음성을 통해 앤서에게 명령을 내리면 앤서와 연동된 홈 IoT 제품들이 그 명령대로 알아서 척척 움직인다. 앤서는 주인의 명령에 절대 토를 달거나 늑장을 부리는 법이 없으니 얼마나 다행인가. 또 앞으로는 집에서 병원과 연결해서 진료 상담을 할 수도 있고 약을 처방받을 수도 있다. 자신의 병력, 체질에 따라 질병을 예상해서 체계적인 건강관리를 할 수도 있다. 복잡하게 대학병원까지 가서 지루한 대기시간을 견디지 않아도 된다. 헬스케어 상담은 의사들보다 더 친절하고 상세하다. 이것이 코맥스가 만들어 갈 '스마트 홈'의 모습이다. 수십 년 전 혼자서 상상해 보던 홈 로봇이 조금씩 현실로 되어가는 것이 아닌가 싶다. 나는 이렇게 강조한다.

"집 전체가 하나의 인공지능이 되게 하라. 새로운 스마트 홈 IoT를 통해 고객의 삶을 스마트하게 변화시켜라!"

스티브 잡스가 "고객은 자신이 무엇을 원하는지 모른다"고 말한 것처럼 고객의 숨은 니즈는 고객 스스로도 모를 수 있다. 기업이 고객의 숨은 니즈까지 읽어서 새로운 제품을 선보이면 고객은 그제야 "이게 바로 내가 원하던 거야"라고 말한다. 그렇기 때문에 기업이 먼저 미래를 예측하고 앞서가야 하는 것이다.

항상 직원들에게도 "책상 앞에만 앉아 있지 말고 현장에 나가보라"고 강조한다. 단순한 지식이나 컴퓨터 자판을 두들겨서 얻는 정보만으로는 새로운 것을 볼 수 있는 눈이 생기지 않기 때문이다. 현장을 보고 고객을 직접 만나 세상 돌아가는 것을 직접 목격하면서 새로운 자극도 받아야 다가올 세상에는 어떤 것이 필요할지 통찰할 수 있는 힘도 생긴다.

하나의 시대가 저물고 또 하나의 시대가 열릴 때마다 그 변화를 일찍감치 감지하고 그에 적응하지 못한다면 도태되고 마는 것은 자명한 이치이다. 약육강식인 동물의 세계와 뭐가 다르냐고 한탄해봤자 소용이 없다. 그러한 한탄도 살아남은 다음에야 할 수 있다. 미래는 살아남은 자에게만 허락된다.

모든 일에는 때가 있다. 자연을 보아도 만물이 소생하는 봄이 있는가 하면 오곡백과가 무르익는 가을이 있다. 자연의 변화에 따라 농부는 봄에 씨를 뿌리고 가을에 추수하는 것이 만고의 진리다. 때를 잘 알아야 성공할 수 있기에 과거에는 천문을 읽는 사람이 막강한 권력을 가졌다. 그런데 사업가야말로 천문을 읽어야 할 만큼 미래를 보는 통찰력이 필요한 사람들이다. 기업하는 사람들뿐이랴. 우리 모두 마찬가지이다.

지능정보기술이 촉발시킨 4차 산업혁명의 시대, 코맥스는 진화한다. 그리고 한발 먼저 미래에 다가서기 위해 끊임없이 고민한다.

또 한 번의
터닝 포인트를 만들다

COMMAX. 이 이름에 얽힌 이야기를 하려고 한다. 코맥스가 우리의 이름이 되기까지 다소의 우여곡절이 있었다. 인터폰 사업을 시작할 때부터 우리 회사의 이름은 '중앙전자'였고 오래도록 '중앙 JUNGANG'은 나와 함께해온 정든 이름이었다. 그러나 아무리 정든 이름이라 할지라도 세월이 지나면 새로운 시대에 걸맞게 변신을 꾀해야 했다.

설립 초기부터 사용해온 중앙이라는 이름은 "지나치게 한국적"이라는 일부 의견이 있었던 데다 해외 바이어들 사이에서도 "발음하기 어렵다"는 불만이 있었다. 사실 변봉덕이라는 이름도 발음이 어려워 초창기에 만나던 바이어들은 내 이름을 부르지 않고 성만 불렀는데, '변'이라는 성도 쉬운 발음이 아니었던지 미스터 '바이윤'이라고 발음하곤 했다. 중앙이라는 이름도 만만치가 않았던 모양이어서, 중앵, 정앵, 융앵 등 같은 상호를 놓고도 저마다 발음이 다 달랐다. 이대로는 안 되겠다 싶어서 용단을 내렸다.

"글로벌 브랜드로서의 품격에 걸맞은 새로운 네이밍이 필요하다!"

나는 이러한 판단에서 새로운 브랜드명 개발에 착수했다. 어떤 언어권에서도 쉽고 동일한 발음으로 부를 수 있고, 글로벌 시대에 맞는 세련된 이미지를 가진 브랜드명 개발을 추진한 결과, 1984년에 기존의 브랜드명 '중앙'을 대신할 새로운 브랜드명 '코맥스'를 개발하는 데 성공했다. '코맥스'라는 이름은 첨단 영상 정보통신 기업을 지향하는 중앙의 브랜드명으로 딱 맞는 데다 어떤 나라 어떤 문화권에서도 어필할 수 있는 글로벌한 브랜드명으로서, 우선 바이어들부터 기억하기 쉽고 부르기 쉽다며 환영했다.

'COMMAX'란 COMmunication과 MAXimization이라는 영어 단어의 앞부분 알파벳을 조합한 것으로 "최고의 의사소통을 지향한다!"는 의미를 담고 있다. 단순히 의사소통의 활성화를 의미하는 게 아니라 긴밀한 의사소통을 지향하고 그로 인한 효과까지 극대화하겠다는 의미를 함축하고 있는 이름이다. 의사소통의 효과라는 게 무엇이겠는가? 그것은 우리 제품을 이용하는 고객의 삶의 질 향상으로 나타나는 것이다. 고객들의 더 나은 삶, 더 편안하고 행복한 생활이야말로 우리가 추구하는 가치이자, 우리가 소통을 통해 얻고자 하는 목적이었다.

중소기업으로서 브랜드 개발은 상당히 앞선 도전이었다. 아직 국내에서는 브랜드의 중요성에 대해 잘 알지 못할 때였고 중소기업들은 특히 더하던 때였으니 말이다. 그런데도 막대한 비용과 시간, 인력을 들이면서 브랜드명을 개발한 것은 계속해서 뻗어 나갈 기업이라면 미래 모습에 걸맞은 품격을 미리 갖춰야 한다는 믿음 때문이었다.

또한 중앙에서 코맥스로의 브랜드명 변경은 단순한 이름 변경 이상의 의미가 있었다. 이름이라는 게 부르는 기호일 뿐이라고 생각할 수도 있겠지만 어떻게 불리느냐에 따라 이름 뒤에 있는 내용까지도 달라 보이는 경우가 많다. 동일인이라 해도 후줄근한 차림새를 했을 때와 세련되고 단정한 차림새를 했을 때 사람 자체가 다르게 보이는 경우가 많다. 사람에게 인격이 있듯이 회사에도 품격을 나타내는 이미지가 있어야 하는데 그것이 곧 브랜드였다.

브랜드명 개발에 이어서 1985년에는 국내 특허청에 COMMAX 라는 영문 브랜드를 정식 상표로 등록했다. 또 여기서 그치지 않고, 막대한 시간과 비용을 들여 새 브랜드명을 세계 각국마다 하나하나 특허 등록을 했다. 쉽지 않은 일이었지만, 일찌감치 해외 시장으로 나가 몇 번의 상표 분쟁을 직간접적으로 경험하면서 특허와 지식재산권의 중요성에 대해 눈뜬 나로서는 미래를 위한 투자라는 신념으로 해외 특허 등록을 줄기차게 추진했다. 당시 터키의 모 전자상가에서는 코맥스 브랜드명을 알파벳 하나만 살짝 빼서 사용하고 있었고 인도네시아의 경우 모 업체에서 우리 브랜드를 악의적으로 도용해서 선출원해놓은 적도 있었다. 그러니 우리 브랜드를 지키기 위한 고삐를 조금이라도 늦출 수 없었다. 한편, 코맥스라는 브랜드명을 처음에는 수출 제품에만 사용하다가 1989년부터 내수용 제품에도 사용하면서 국내외 단일브랜드로서 확실하게 자리매김하였다.

1999년에는 또 한 번의 터닝 포인트를 맞이하게 된다. 이번에는 브랜드명이 아니라 상호 변경이었다. 그때까지 우리는 브랜드명으로는 코맥스를 사용하면서도 상호는 '중앙전자공업주식회사'를 그대로 사용하고 있었다. 그런데 새 천년을 앞둔 시점에서 기업 공개를 준비하는 등 회사 안팎으로 대대적인 혁신을 진행하는 가운데 회사의 이름을 시대 흐름에 맞는 참신한 것으로 바꿔보는 것이 어떻겠냐는 의견이 나왔다. 첨단전자통신기기를 제조하고 글로벌 통신기술 개발을 리드하는 기업의 이름이 중앙전자공업주식회사라면 다소 진부하다는 의견이었다. 내 생각도 다르지 않았다. 여기에서 한 걸음 더 나아가 나는 브랜드명과 상호를 일치시키자는 방향성을 제시했다.

"브랜드명과 상호를 일치시켜서 기업의 아이덴티티를 통일시켜야 한다!"

그렇다면 어떤 이름으로 통일시킬 것인가? 자연스럽게 오래 전부터 세계시장에서 써온 코맥스라는 브랜드명을 그대로 동일하게 상호로 사용하자는 의견이 제시되었고, 코맥스 식구들 중 80% 이상이 이에 찬성했다. 마침내 1999년 9월 10일 '주식회사 코맥스 COMMAX Co., Ltd.'로 상호를 변경하고 등록하기에 이르렀다.

브랜드명 개발에 이어 상호까지 새롭게 정비함으로써 '코맥스'는 명실상부하게 우리의 모든 것을 대변하는 이름이 되었다. 브랜드명과 사명을 일치시킨 것은 단순한 이름의 일치가 아니었다. 그것은 이제까지와는 다른 기업의 가치를 대변하는 것이었다.

기업은 어제의 모습에 머물러 있는 것이 아니라 더 성장하고 새롭게 도약해간다. 지금 영세기업이라고 영세기업의 크기에서 생각하고 그런 범위에서만 사업을 벌이면 영원히 영세기업으로 남을 수밖에 없다. 미래의 비전을 향해 하나씩 하나씩 더 큰 가치를 만들어가야 한다.

그렇기 때문에 중앙전자라는 이름이 대변하는 어제의 문화, 어제의 모습을 버리고 21세기에 걸맞은 새로운 문화, 새로운 모습을 창조하기 위해 힘찬 도약을 시작하기로 한 것이다.

시대의 흐름에 따라 제품과 기술을 업그레이드해야 하듯이 기업의 모양새 같은 부분도 업그레이드시켜야 한다. 코맥스는 브랜드명 개발, 그리고 브랜드명과 상호와의 일치 등을 통해 기업 정체성을 분명히 하면서 기업의 이미지와 품격을 한 단계 끌어올릴 수 있었다. 이처럼 미래 경영은 더 큰 정체성을 만들어가는 것이고 미래를 위한 포석을 까는 일이다.

현재의 이익이 아니라
미래 가치를 잡아라

|

이름 이야기를 좀 더 해보자. 호랑이는 죽어서 가죽을 남기고 사람은 죽어서 이름을 남긴다. 이 말을 나는 "이름을 남기는 기업이 살아남을 수 있다"는 뜻으로 해석하고 싶다. 그렇다. 이름을 남기는 기업이 살아남는다. 코맥스 50년 역사가 바로 그 증거이다.

코맥스가 제1호 명문장수기업으로 선정되자 주변에서 그 비결을 묻는 질문을 많이 받았다. 그 비결이라 한다면 여러 가지가 있을 수 있겠지만 가장 직접적이고 결정적인 비결은 자사 브랜드 생산을 처음부터 일관되게 고수해온 것이라 할 수 있다. 즉 이름을 포기하지 않았던 것이다. 초기에는 OEM 방식으로 수출을 한 적도 있었지만 오래지 않아 '중앙 JUNGANG'이란 이름을 내걸고 제품을 팔았다.

기술도 인지도도 부족한 중소기업으로서 쉬운 결정은 아니었다. 이름만 대면 알 만한 굵직한 기업들도 해외시장에서는 OEM 생산을 많이 한다. OEM 생산이 안정적이고 수익도 많이 나기 때문에, 기업주 입장에서는 사실 떨치기 어려운 유혹이다. 그런데도 OEM의 유혹을 뿌리치고 중앙이란 우리 이름으로 제품을 공급한 것은 두 가지

이유가 있었다.

첫째는 우리의 땀으로 만든 제품을 외국 상표로 해외시장에 공급할 수 없었기 때문이다. 수출이란 것은 기업의 입장에서는 시장의 확대요 기업의 성장이기도 하지만 더 크게는 국가의 이익에 힘을 보태는 의미도 있다. 그런데 기껏 고생해서 수출을 해놓고 외국 상표, 외국 기업의 이름을 높여주는 역할을 하는 데 그친다면 얼마나 허무한 일인가.

둘째는 현재 가치보다는 미래 가치를 선택한 까닭이었다. 앞서 말한 것처럼 자본이 부족하고 자금을 융통하는 일이 언제나 당면과제인 중소기업으로서는 OEM 생산이 큰 도움이 된다. 그러나 미래를 생각한다면 이야기는 달라진다. OEM 생산을 계속한다면 우리 기업은 영원히 하청업체 수준에 머무를 수밖에 없다.

"지금 어렵더라도 OEM 생산을 하지 않는다. 더 큰 기업으로 성장하기 위해 우리 회사 이름으로만 수출한다!"

이러한 원칙은 많은 부분에 있어서 가능성을 열어주었다. 우선 앞에서 말한 브랜드 개발 전략도 해외 시장에서 OEM 생산을 하지 않고 중앙전자의 이름으로 수출 전략을 펼쳤기에 가능한 일이었다. 처음부터 중앙이라는 이름으로 인지도를 쌓았기에 적절한 시기에 코맥스라는 새로운 브랜드를 개발하여 한 단계 올라설 수 있었던 것이다.

또 자사 브랜드를 고수했기에 기업의 포트폴리오를 계속해서 업그레이드시킬 수 있었다. OEM 생산은 아무리 오래 해도 우리의 포트폴리오가 되지 못한다.

그뿐만 아니라 자체 브랜드 생산을 고수했기에 세계 각국과 흔들리지 않는 네트워크를 구축할 수 있었다. 초기부터 고수해온 1국가 1에이전트 전략이야말로 우리 브랜드를 세계 각국에 심기 위한 전략이었다. 남의 이름이 아니라 우리 이름으로 제품을 공급하기에 에이전트들과 긴밀하고 지속 가능한 네트워크를 구축할 수 있었다.

수많은 중소기업들이 글로벌 기업의 하청업체로 소모되다가 끝나곤 하는 게 현실이다. 그러나 코맥스는 초창기부터 자사 브랜드를 고수했기에 살아남을 수 있었다. 아니 더 큰 기업으로 성장할 수 있었다.

당장의 이익보다는 미래 가치를 보아야 한다. 지금은 작아 보이는 '파이'일지라도 앞으로 발전 가능성이 있다면 그것을 선택해야 한다. 미래는 금세 현재가 된다. 미래가 현재가 되었을 때 어떤 모습일지, 그것을 생각해야 한다.

나를 키우는 것이
미래를 키우는 것

50년 동안 코맥스만 생각하고 살았다 해도 과언이 아니다. 그런데 그런 나도 코맥스 외에 다른 일에 매진하던 시절이 있었다. 그렇다고 본업에 소홀했던 게 아니라 기업 경영을 열심히 하면서도 또 다른 일을 병행했었다. 나의 프로필을 인터넷에 검색해보면 제12, 13, 14대 성남상공회의소 회장을 역임했다고 나오는데, 그런 프로필 한두 줄로 치부하기에는 조금 서운한 감이 있다. 그때의 경험은 나에게 새로운 열정과 지혜를 불어넣었기 때문이다.

"회장님, 성남상공회의소를 맡아주십시오!"

코맥스 회장 역할을 하는 것도 바쁜데 성남상공회의소 회장을 맡으라니, 솔직히 부담스러웠기에 2006년 성남상공회의소 측으로부터 제안을 받았을 때 처음에는 정중하게 거절했었다. 그러나 전임 회장이 갑작스럽게 성남 시장 출마를 선언하는 바람에 후임자를 다급하게 구해야 하는 사정도 있고 "중소기업인들을 위해 도와달라"며 여러 번 간곡히 청하자 거절하기 난감해서 결국 수락하게 되었다.

"일이야 성남상공회의소 사람들이 다 알아서 하니까 회장님은 결제만 해주시면 됩니다" 하고 들었지만 막상 가서 보니 할 일이 많았다. 성남상공회의소가 무엇인가. 결국은 회원사들이 발전할 수 있도록 돕고 기업하기 좋은 환경을 만들어주고, 기업인들에 필요한 교육을 지원하며, 정부에 기업을 대신해서 건의하며 대변해주는 조직이 아닌가. 또 성남이 어떤 곳인가. 성남시 중원구 상대원동에 코맥스 본사가 있으니 코맥스는 성남이라는 곳을 토대로 서 있는 셈이다. 이곳의 지역 주민과 수많은 기업들과 나는 알게 모르게 연결되어 있으니 성남상공회의소 일은 남의 일이 아니라 나의 일이었다. 그렇게 생각하니 할 일이 보였다.

가장 먼저 한 일은 주축이 되는 4명의 부장들에게 비전과 목표를 제시하고 분명한 자기 역할을 심어준 것이다. 주축이 되는 인물들이 살아 움직이면 사업도 살아 움직인다. 그 결과 기부문화 확산을 위한 아름다운 걷기 대회, 열린 음악회 등 다양한 행사와 사업이 성공적으로 진행되었고, 시간이 지날수록 회비도 내지 않고 형식적인 회원에 머물러 있던 기업들의 참여가 늘어났다.

성남상공회의소 일을 하기 전에도 한양대학교 총동문회 회장을 약 9년간 맡은 적이 있었는데, 그때도 나는 동문들에게 동기를 부여하고 참여를 이끌어내는 데에 초점을 맞추었다. 동문회에는 회장 밑에 부회장들이 여럿 있었는데 이들을 통해 조직을 활성화시켰다. 먼저 부회장들에게 비전과 목표를 제시하고 분명한 자기 역할을 심어주었다.

특히 동문회 역사상 처음으로 '열린 음악회'를 진행하던 때가 가장 기억에 남는다. 처음엔 참여율이 저조할까 봐 걱정하면서, 국내는 물론 해외에 있는 동문들에게도 연락하며 행사를 홍보하고 연예인들까지 섭외해서 정말로 오고 싶은 행사를 만들기 위해 애를 썼다. 그런 상황이 알려지고 누가 봐도 재미있는 행사의 모습이 서서히 갖춰지자 점점 동문들의 관심도 높아졌다. 그 결과 음악회 당일에 무려 참여 인원이 1만 명을 넘어섰고, 인근 경찰이 동원되고 교통이 마비되는 등 치안 문제까지 신경을 써야 했다. 우린 5,000명만 와도 선방이라며 좌석을 준비했는데 1만 명이 넘게 왔으니 신문지를 깔고 바닥에 앉아 음악회를 보는 사람이 과반수가 넘어갈 정도였다.

상황이 이렇게 되자 그 이후에는 행사 규모를 줄여서 기획했는데, 언제나 1,000명 규모로 기획해서 인원을 제한해도 1,200명이 몰려오는 식이어서 자리와 음식이 모자라기도 했다. 심지어 호텔에서 준비한 요리가 부족해서 즉석에서 빵을 사서 돌린 적이 있을 정도였다. 그래도 참여한 동문 누구 하나 불만이 없었고 오히려, "한양대 동문이라는 사실을 잊고 살았는데, 이젠 정말 자랑스럽다", "자리가 없어도 좋으니 또 참석하고 싶다", "모교에 대한 사랑과 자부심을 일깨워 줘서 고맙다. 앞으로 학교를 위해 좋은 일을 하고 싶다"고들 입을 모았다. 우리는 마치 20대로 돌아간 것처럼 다시 한 번 하나가 되었다.

한국전기제품안전진흥원 이사장을 맡았을 때는 기관 사업의 수익성이 낮아 고충이 많은 점을 고려하여 자립 기반을 마련하기 위해 시험연구소를 만든 일도 보람 있는 일 중의 하나였다.

성남상공회의소 회장 9년, 한양대학교 동문회장 9년, 한국전기제품안전진흥원 이사장 7년. 이렇게 적지 않은 시간을 대외 활동에 쏟았다. 그러한 시간 동안 사업에 집중하지 못한 것 아니냐고 생각할 수 있겠지만 그렇지 않다. 오히려 그러한 경험은 코맥스를 보다 역동적으로 경영하는 데 큰 도움이 되었다.

내가 직책을 맡아 그 단체들에게 기여했다기보다는 그러한 활동을 통해 내가 성장할 수 있었다는 의미가 훨씬 크다. 기업 경영 안에만 있을 때는 미처 보지 못하던 것을 보았고, 다양한 사람들을 만나 삶과 인간에 대해 더 깊이 통찰할 수 있게 되었으며, 무엇보다도 내가 가진 자질과 역량 등을 맘껏 발산할 수 있는 기회가 되었다. 한마디로 여러 번의 인생을 다 살아본 기분이다.

특히 일을 해나가는 데 있어 가장 중요한 것은 사람이고 사람을 이끌어가는 데 있어 가장 중요한 것은 동기 부여라는 것, 사람들이 열정을 가지고 움직이면 사업이 살아난다는 것을 다시금 깨달을 수 있었다.

누구나 사회생활을 하면서 대우받을 수 있는 일, 소득이 높은 일을 하고 싶어 하면서도 원하는 일을 하기 위해서는 자신의 역량이 더 커져야 한다는 사실을 간과하기 쉽다. 기업이나 개인이나 자신의 미래 가치가 높아지기를 원하는데 그러기 위해서는 현재 나의 가치를 높여야 한다. 가장 확실하고도 필요한 투자는 나에 대한 투자다. 나를 키우는 것이 미래를 키우는 것이다.

새로운 시대는
새로운 도전을 원한다

|

　　기업은 끊임없이 새로운 고객과 시장을 개척하기 위해 고군분투해야 한다. 어제의 고객과 오늘의 고객이 다르고, 어제의 시장이 오늘의 시장과 같지 않다. 마찬가지로 오늘의 고객과 미래의 고객이 다르고 오늘의 시장은 내일의 시장이 되는 것도 아니다. 제품을 한발 앞서 개발해야 하는 것처럼 시장 개척도 제품 개발과 호흡을 같이하면서 재빠르게 이루어져야 한다. 새로운 제품에 맞는 새로운 시장에 도전해야 하는 것이다. 2017년 캐나다의 한 기업과의 계약을 앞두고도 그런 생각을 했다.

　　"한번 해보자!"

　　"회장님…… 대기업도 포기했다고 하는데…… 대기업이 포기했다고 한다면 그럴 만한 이유가 있지 않겠습니까?"

　　"물론 리스크가 있겠지."

　　"이익이 별로 없는 프로젝트입니다. 오히려 실패했을 경우 손해를 볼 가능성이 큽니다."

"그러나 배우는 게 많은 프로젝트가 될 수도 있지 않겠나. 한번 가보자고!"

임원들이 주저하는 것도 무리는 아니었다. 수익률도 낮은 데다 캐나다 현지에 있기 때문에 시스템 개발 자체가 쉽지 않았다. 무엇보다도 상대 기업에서 자신들이 원하는 홈 IoT에 대한 명확한 스펙을 가지고 있지 않았다. 자칫하면 우리는 시간과 에너지만 소모하고 수익도 얻지 못한 채 손을 털고 나오게 되는 수도 있었다. 그것이 캐나다 수출 계약 건이 가지고 있는 부정적 측면이었다.

그러나 나는 이면을 보았다. 말하자면 미래 가능성을 본 것이다. 캐나다는 미국 시장과 지리적으로나 문화적으로나 유사해서 같은 시장권으로 본다. 그러니 홈 IoT로 캐나다를 뚫으면 미국 시장도 뚫을 수 있다. 캐나다 수출 건은 곧 미국 수출 건의 전초전이나 마찬가지였고 미국 시장을 뚫는 데 아주 유용하게 쓰일 수 있는 이력이 될 게 분명했다. 그러니 수익률이 높지 않아도 해볼 만한 가치가 있는 도전이었다.

단순히 이력으로서의 의미만 있는 것이 아니었다. 캐나다 시장을 이해하게 되면 미국 시장을 이해할 수 있게 되는 것이니 코맥스가 하나의 시장을 완전히 이해하게 되는 아주 유용한 경험이 될 터였다. 그뿐만 아니라 코맥스의 신규 사업인 홈 IoT 시스템을 우리 스스로 완벽하게 구축해보는 산 경험의 기회가 될 수도 있었다. 여기까지가 내가 캐나다 수출 계약 건에서 본 긍정적 측면이었다.

한마디로 말하자면, 당장 보면 이익이 되지 않는 것이 리스크였지만 길게 보면 남는 장사였다. 남는 장사인데 왜 안 하겠는가. 고민할 이유가 없었다. 지금 당장 남는 게 중요한 게 아니라 앞으로 남을 수 있다는 가능성이 중요한 것이다.

홈 IoT 첫 수출은 그렇게 이루어졌다. 상대는 캐나다 최대 건설사였다. T사의 주상복합빌딩 700세대에 홈 IoT 시스템을 설치하는 계약을 수주한 것이다. 그 사업을 추진하면서 월패드, 디지털 도어록, 로비폰, IoT 센서 등 홈 IoT 관련 시스템을 모두 취급할 수 있었다. 처음 협의할 때는 범위가 작았으나 함께 일을 해나가면서 점점 범위가 넓어진 결과였다. 한 걸음씩 한 걸음씩 우리는 접근해갔고 우리가 한 발 접근하면 그쪽에서 한 걸음 더 요구했다. 그렇게 우리는 역량을 키웠고 첫 수출 프로젝트를 성공적으로 추진할 수 있었다. 그 주상복합건물의 입주자들은 우리가 설치한 월패드와 스마트폰을 통해 열림감지센서, 화재감지센서, 스마트 플러그 등의 IoT 센서를 제어할 수 있으며, 집 밖에서도 방문자를 확인하고 문을 열어줄 수 있다. 입주자들이 편리하고 스마트한 생활을 누릴 수 있게 되는 것이다.

캐나다 수출의 가장 큰 성과라면 바로 코맥스가 홈 IoT라는 새로운 분야에서 자신감을 얻었다는 것이다. 우선 시장에 대한 자신감을 들 수 있다. T사가 캐나다 1위 기업인 만큼 2, 3위 기업으로 파급되는 효과도 컸다. 또 미국 시장에 대한 긍정적인 영향도 클 것이라는 희망적인 전망 가운데 시장에 대한 자신감을 얻었다. 다음은 홈 IoT 제품에 대한 자신감이다. 코맥스 가족들이 홈 IoT라는 아이템을 더 구체적으로 이해하고 자신감을 확고히 하게 된 것이다.

도전은 거창한 게 아니다. 도전은 지금 내가 해야 할 일을 피하지 않고 하는 것이다. 피하는 자는 새로운 시대에 뒤처지게 되고 도전하는 자는 새로운 시대에서 다른 사람보다 앞서 달릴 수 있다.

도전은 한 번으로 끝나고 완성되는 것도 아니다. 시대가 달라지면 새로운 도전이 필요하다. 그러니 계속해서 피하지 않고 도전해나가야 한다.

살아가는 일도 마찬가지이다. 산 하나를 넘으면 또 산이 있고 강을 건너면 또 다른 강이 나온다. 이젠 좀 안정이 되었거니 하지만 생각지도 못한 시련이 닥치고 그것을 이겨내면 새로운 과제가 주어진다. 한 번 성공했다고 해서 그 성공이 영원하지도 않다. 계속해서 새로운 성공을 만들어야 전진할 수 있다. 결국 끊임없는 도전인 것이다. 그 도전들이 나의 미래를 완성하는 퍼즐 조각들이 되는 것이다.

변화를 즐겨라
즐기는 사람이 '최강'이다

지난 2018년 1월 라스베이거스에서 열린 국제전자제품박람회 (CES, The International Consumer Electronics Show)에 직원들과 함께 다녀왔다. 1974년엔가 처음 참가했었는데(그때는 라스베이거스가 아니라 시카고에서 열렸다), 갈 때마다 느끼는 것이지만 세계 최대의 전자 쇼인 만큼 세계의 기술이 얼마나 빠르게 변화하고 있는지 한눈에 보고 온몸으로 느낄 수 있다. 이번에 갔을 때 가장 큰 성과라면 아마존, 마이크로소프트사와 같은 글로벌 기업들과 직접 만나 협의하고 협력을 강화한 것을 들 수 있다. 그러나 더 큰 성과는 아마도 직접 기술의 변화를 보고 자극도 받고 코맥스 기술에 대한 자부심도 얻었다는 것이리라. 특히 코맥스가 새롭게 주력하고 있는 스마트 홈 제품에 대해 세계의 인정을 받은 것은 앞으로의 전망을 더욱 밝게 해주는 것이었다.

처음 CES에 참가했을 때는 남들이 알아주지 않는 작은 나라, 그중에서도 작은 기업으로 갔는데 지금은 코맥스 기술이 세계에서 단연 선두 자리를 차지하고 있다. 우리나라를 모르는 사람도 이젠 없다.

똑같은 세월을 보내는 동안에도 누군가는 더 빨리 발전하고 누군가는 뒤처진다. 기업이 단 한순간도 긴장을 늦출 수 없는 이유가 거기에 있다.

반세기에 달하는 세월 동안 기업을 경영했다. 그동안 크고 작은 어려움이 적지 않았지만, 시대가 달라지고 기술이 변할 때마다 항상 신속하게 감지하며 새로운 기술을 개발하고 혁신을 거듭하며 돌파구를 찾았기에 매출 1,000억 원대의 탄탄한 중소기업으로 성장할 수 있었다. 그 힘은 어디에서 나오는 것일까? 나는 그것을 '혁신의 에너지'라 부르고 싶다. 혁신의 에너지가 있어야 살아남을 수 있고 더 나아가 성공할 수 있다. 그렇다면 혁신의 에너지란 무엇일까? 그것은 바로 '즐기는 힘'이다. 변화를 즐길 줄 알아야 변화에 대처할 수 있다. 그래서 나는 평소 이렇게 강조한다.

"자기가 하는 일을 즐겨라. 새로운 기술이나 변화를 두려워하지 말고 변화 그 자체를 즐길 수 있어야 한다. 그것이 성공과 실패를 가른다. 변화 속에 기회가 있기 때문이다."

현대그룹의 정주영 회장은 아침마다 그날 할 일을 생각하며 매일 설레는 마음으로 눈을 떴다고 한다. 나 역시 다르지 않다. 눈을 뜨는 순간부터 그날 코맥스의 일을 생각하며 기대한다. 그것은 단지 비즈니스가 아니라 내 꿈을 향한 달음질이기에 설레고 기대가 되는 것이다. 자신이 원하는 꿈과 목표를 향해 달려간다면 시련이나 장애를 만나도 기꺼이 헤쳐나갈 수 있다는 마음이 생기고 즐거운 마음으로 일할 수 있다. 나 역시 그러했다. 처음 도어폰을 개발할 때도 세계 무대를 누빌 때도, 중국 시장을 개척할 때도, 홈 네트워크를 개발할 때도…… 언제나 나는 즐겁게 일을 했다. 돈 자체보다 일 자체를 사랑했다. 일하는 즐거움이 바로 나에게는 '혁신의 에너지'가 되었다.

앞에서 4차 산업혁명으로 인해 지능정보사회가 다가오고 있음을 이야기했다. 영화나 공상과학 소설에서나 나올 법한 그런 모습으로 세상이 변한다니, 사실 나 역시 낯설기만 하다. 팔순을 바라보는 나는, 이 글을 읽는 젊은 독자들보다 그러한 변화가 훨씬 더 낯설게 느껴진다.

새로운 변화는 필연적으로 두려움을 낳는다. 낯설다는 이유만으로도 불편하게 느껴지기도 하고 낯선 세상에 적응하지 못해서 나만 도태되는 것은 아닌지 두려운 마음이 앞서기도 한다. 그러나 변화를 두려워하는 사람은 발전할 수 없다.

두려움을 극복하는 가장 좋은 방법은 혼자가 아님을 기억하는 것이다. 지난 세월 동안 대리점, 고객, 해외 에이전트 모두가 나의 동반자로서 큰 힘이 되었다. 지금은 기술과 산업이 융합하는 시대다. 이제 혼자서는 안 된다. 서로 협력해야 한다. 함께 가는 것이 더 안전하고 빨리 갈 수 있는 시대가 되었다. 얼마 전 한 기자가 4차 산업혁명 시대의 성장 전략을 묻기에 이렇게 대답했다.

"홈 IoT는 어느 한 기업이 할 수 있는 사업이 아니다. 통신회사도 있어야 하고 가전업체들과도 협력해야 한다. 그들도 혼자서 할 수 없기에 우리와의 협력을 필요로 한다. 그렇기 때문에 시너지를 낼 수 있는 중소·중견기업, 국내뿐 아니라 외국 기업과도 손을 잡으면서 보다 크고 강력한 네트워크를 만들어가고 있다."

필요한 기술을 혼자서 다 개발하려고 할 것이 아니라 외부와 협력 관계를 만들어가는 게 현명하다. 코맥스가 글로벌 기업인 아마존, MS, IBM, 국내 3대 이동통신사, 카카오 등과 같은 서비스 플랫폼 기업은 물론 삼성, LG와 같은 가전기업과 적극적인 협력 관계를 진행하고 있는 것도 다 같은 맥락이다.

또 코맥스는 미래기술 분야에서 스타트업 기업들과 중소기업이 함께 시너지를 내는 동반 성장 생태계를 구성하기 위해 지난 2017년 자회사 '코맥스 벤처러스'를 설립했다. 코맥스 벤처러스는 체계적인 육성 프로그램을 제공하여 스타트업 기업과 협업 모델을 만들어서 스타트업이 미래 기술 시장에 진입해 성장해갈 수 있도록 지원해 나갈 계획이다.

나는 두려움 대신 꿈을 꾼다. 새로운 제품과 기술이 창조하는 새로운 세상을! 함께 만들어가는 세상을! 변화를 두려워하지 않고 오히려 즐길 줄 아는 사람이 최강이다. 〈논어〉에 나오는 "어떤 사실을 아는 사람은 그것을 좋아하는 사람만 못하고, 좋아하는 사람은 즐기는 사람만 못하다(知之者不如好之者, 好之者不如樂之者)"는 공자의 말이 누군가에게는 그저 고전에 나오는 고루한 옛말에 지나지 않을 수도 있겠지만, 나에게는 꿈을 꾸고 그 꿈을 이뤄가는 모든 순간 속에 생생하게 살아 있는 '말'이었다.

지금은 기술과 산업이 서로 융합하는 시대다.
이제 혼자서는 안 된다. 서로 협력해야 한다.
함께 가는 것이 더 안전하고
빨리 갈 수 있는 시대가 되었다.

그래도 계속 가라

요즘 인터뷰나 강연 때 제일 많이 들어오는 요청이 바로 청년들을 위한 메시지를 말해달라는 것이다. 내가 청년 때는 6·25전쟁의 폐허가 고스란히 남아 있던 시절이었다. 외국 한번 나가기도 어려웠고 비자 받기도 힘들었다. 한 번 받은 비자는 재사용하지 못하고 버려야 했으며 달러를 가지고 나가는 것도 제한이 심했다. 닫힌 시대라고나 할까. 한마디로 지금과는 완전히 달랐다. 그런 시대에 청춘을 보낸 나의 이야기가 지금의 젊은이들에게 도움이 될 수 있을까 싶은 의구심이 들긴 하다.

그러나 기업 경영 이야기를 정리하다 보니 청년들에게 전하고 싶은 말들이 내 안에 차곡차곡 쌓였다. 서로 세대가 달라도 인생을 관통하는 지혜는 비슷하지 않겠는가. 그래서 몇 마디 전하고자 한다.

꿈은 꾸는 것이 아니라 경영하는 것이다

젊은 시절에 원대한 꿈을 가지라고 말한다. 나 역시 그런 말을 숱하게 들으면서 어른이 되었다. 맞는 말이다. 꿈이 있어야 한다. 특히 젊은이들은 미래를 향한 꿈과 목표가 있어야 한다. 그래야 무언가에 대한 의욕이 생긴다. 다만 꿈을 꾸는 것만 생각하지 말고 그 다음 단계도 염두에 두어야 한다. 말하자면 '꿈의 경영'이다. 꿈의 시작은 꿈을 꾸는 것이지만 그것을 이루기 위해서는 꿈을 경영할 줄 알아야 한다. 마음만으로는 아무것도 이뤄지지 않기 때문이다.

나는 소싯적부터 보디빌딩을 오래 했다. 그저 근육을 만드는 일이지 하겠지만, 실제 해보면 만만치 않다. 그것은 인내심을 가지고 훈련을 하면서 자신의 몸을 자기가 원하는 작품으로 만들어가는 것이다. 상대가 없이 혼자 하기 때문에 지루한 데다 금세 효과가 나타나지도 않고, 효과가 나타났다가도 계속하지 않으면 금세 사라지고 만다. 지속적으로 하더라도 원하는 대로 성과를 얻기까지 일종의 정신 수양에 가까운 인내와 자기 절제를 필요로 하는 일이다. 그래서 보디빌딩을 하면서 기업 경영과 참 많이 닮았다는 생각을 하게 되었다. 꿈도 마찬가지이다. 꿈도 인내심을 가지고 체계적으로 경영해야 이룰 수 있다.

좋아하는 일을 하라, 그래야 계속 간다

좋아하고 적성에 맞으면서 잘하는 일을 해야 한다. 대체로 좋아하는 일은 잘하게 되어 있고 잘하는 일은 좋아하게 마련이다. 그러나 간혹 그렇지 않은 경우도 있다. 사회가 다양해지고 선택의 폭이 넓어져서 그런지도 모르겠다. 만약 잘하는 것과 좋아하는 일 중에서 어떤 것을 선택해야 하느냐고 묻는다면 나는 좋아하는 일을 선택하라고 말해준다. 좋아하는 일을 해야 계속할 수 있기 때문이다.

단 한 가지 기억해야 할 것은 '좋아한다'는 것이 생각보다 묵직한 의미라는 점이다. 일시적으로 혹은 감정적으로 좋아한다는 뜻이 아니라 어떤 경지 이상에 오른 것을 의미한다. 예상치 못한 시련, 장애나 난관이 닥쳐도 그것을 참고 인내할 만큼 그 일을 좋아하는지, 그 일을 통해 금세 성공이나 성취를 이루지 못하더라도 후회하지 않을 만큼 좋아할 수 있는지 자문해봐야 한다. 만약 그렇다면 그 일을 선택해도 좋다. 그리고 그 정도의 각오라면 어지간한 시련이나 장애는 극복할 수 있다.

실패 없이 성공 없다. 실패를 축적하라

실패와 성공은 그 비율이 어떻게 될까? 주변을 돌아보면 성공하기보다 실패하는 경우가 훨씬 더 많다. 기업에서 제품을 개발할 때도 마찬가지다. 성공률보다 실패율이 높고, 개발에 성공한 제품이라 하더라도 시장에 나가서 실패할 확률은 여전히 높다. 경험적으로 보자면 열 번 중에서 서너 번만 성공해도 상당한 승률이다. 그래서 나는 모든 일을 추진할 때 성공 가능성을 100%로 보지 않는다.

그러니 인생사에 있어서도 열 번이면 열 번 다 성공하리라고 기대하지 마라. 그런 기대가 오히려 섣부른 절망을 가져온다. 아홉 번을 성공하고도 한 번 실패에 주저앉는 안타까운 사람이 얼마나 많은지 모른다. 실패와 성공은 항상 있는 것이되, 열 번 중 서너 번만 성공하면 큰 성공인 것을 잊지 말아야 한다. 그러니 한 번 실패에 낙담하지 말고 실패를 차곡차곡 쌓아가야 한다. 실패 없이 성공 없다. 그리고 영원히 성공만 하는 사람도 없다. 기회는 오게 되어 있다.

서로 협력하라, 더 강해질 수 있다

상생의 시대다. 기술의 발전 방향이 그것을 반증해주고 있다. 최근 들어 우리 사회를 강타한 4차 산업혁명도 기술과 기술의 융합, 분야와 분야 간의 융합으로 엄청난 영향력을 가지게 된 것 아닌가. 이젠 대기업도 혼자서 모든 것을 할 수 없다. 서로 네트워크를 통해 공유해야 많은 것을 이룰 수 있다. 개인도 마찬가지이다. 혼자서 모든 것을 다 할 수 없다. 각자의 재주를 발휘해 연대하고 연합해야 큰일을 이룰 수 있다. 그러니 사람을 귀하게 생각하라. 굴지의 기업들도 결국 사람의 힘으로 이룩한 성이다.

성공보다는 보람을 추구하라

모두가 성공을 향해 달려간다. 나 역시 그러했다. 다만 주객이 전도되는 것을 경계할 필요가 있다. 성공에 너무 집착하면 야욕이 생기고 야욕에 눈이 멀면 정도(正道)에서 벗어날 수 있다. 술수와 비정상적인 방법도 불사하게 되는 것이다. 그러나 그런 식으로 쌓아 올린 성공은 언젠가 하루아침에 모래성으로 드러나게 마련이다. 또 돈을 벌고 싶다면 돈에 집착하지 마라. 재물은 성취의 결과로 따라오는 것이지 내가 돈을 따라간다고 얻어지는 게 아니다.

그러니 보이기 위한 성공, 재물에 집착하기보다는 자신의 보람에 가치를 두고 하루하루를 열심히 살아야 한다. 그 보람이 쌓이면 일도 이루고 인생도 단단해지게 마련이다.

미래 가치를 선택하라

종종 다시 태어나도 사업의 길을 선택하겠느냐는 질문을 받는다. 나의 답은 "그렇다!"이다. 내가 사업을 선택한 이유는 여러 가지가 있는데, 물론 가장 직접적인 이유는 재미있을 것 같아서였다. 사람들과 어울리기 좋아하고 무언가 항상 새로운 것을 시도하기 좋아하는 나로서는 사업이 무척 흥미로웠다. 그래서 영업 일을 폄하하는 당시 사회 분위기에도 불구하고 현장에 나가 물건 파는 일이 부끄럽기는커녕 즐겁기만 했다. 그러니 나는 좋아하는 일을 잘 선택한 셈이다.

또 다른 선택의 이유 중 하나는 '미래 가치'였다. 대학에서 수학을 전공했으니 당시로서는 수학 선생님을 하면 좋은 대우도 받고 안정적인 수입도 생길 수 있었지만 그것은 너무 안정적이기만 한 일이었다. 그러나 사업은 그 시작이 비록 미약할지라도 창대하게 키워갈 수 있는 미지의 것이었다. 나는 '지금 현재'보다 '미래의 큰 그림'을 만들어가는 것을 선택했다. 그리고 그 선택은 옳았다고 본다. 도전은 지금의 안정보다는 미래의 큰 그림을 선택하는 것이다.

작은 기회부터 잘 잡아라

간혹 주어진 일을 하찮게 여기고 불만스럽게 받아들이는 사람이 있다. 그러나 작은 일도 그 일의 본질을 깊이 통찰할 줄 알면 소중한 기회로 만들어갈 수 있다. 특히 사회 초년생의 경우엔 더욱 그러하다. 예를 들어 제안서를 복사하는 사소한 일은 그것을 노동으로 생각하는 사람에게는 무의미한 수고이겠지만, 그 제안서가 고객들에게 회사의 가치를 전달하는 중요한 도구임을 아는 사람이라면 단순히 복사만 하는 것이 아니라 그 제안서 내용에 집중함으로써 전체적인 것을 볼 수 있는 안목을 키울 수 있다. 신문 스크랩을 임원들에게 돌리는 일을 맡은 직원이 있었다. 신문을 스크랩하는 일은 아주 단순한 일이지만 그 일을 반복하는 동안 그 사람은 단순히 복사하는 노동에 안주하는 것이 아니라 신문이라는 매체를 통해 경제 흐름을 파악할 수 있었고 결국 회사에서 세상과 경제 돌아가는 일을 가장 잘 아는 정보통이 될 수 있었다. 이후 그 사람에게 더 좋은 기회가 주어졌음은 당연한 결과였다.

재물도 마찬가지이다. 일확천금만 꿈꾸고 있으면 평생 가도 큰돈을 벌지 못한다. 일확천금의 기회만 쳐다보기 때문에 정작 나에게 다가오는 작은 기회들을 보지 못하거나 무시하게 된다. 그러나 작은 기회부터 잘 잡아야 큰 기회가 열리는 법이다. 현실적인 예로 대기업만 꿈꾸면서 청춘을 소진하는 경우가 얼마나 많은가. 중소기업에 더 많은 기회가 있다. 여러 파트의 일을 고루 경험해보고 자기 역량을 키울 수 있으니 창업의 기회도 더 많다. 그러니 작은 기회를 헛되이 하지 마라. 작은 기회에서 내공을 쌓아야 큰 기회가 왔을 때 잡을 수 있다.

성공을 위한 선순환 사이클을 만들어라

성공을 위한 방정식은 복잡하지 않고 심플하다. 아주 단순하다.

흔히들 꿈을 꾸고 꿈을 이루는 것을 대단히 감성적인 것으로만 여기 곤 한다. 가슴을 설레게 하는 일, 내가 하고 싶은 일을 꿈꾸고 실현 하는 것은 가슴 설레고 흥미로운 일인 것은 분명하다.

그런데 현실적으로 성공은 꿈만 꾼다고 되는 게 아니라 그 꿈을 이루기 위해 끊임없이 노력하는 과정이 필요하다. 그 과정은 가슴 설 레고 흥미롭기보다는 고생스럽고 때로는 실패의 쓴맛을 맛보아야 하 는 시간이다. 그러나 그 과정 없이는 성공에 이를 수 없다.

그래서 성공을 위해서는 선순환 사이클을 계속 반복해야 한다. 마치 기업 경영에서와 마찬가지로 '기획, 실행, 검토'의 과정을 반복하 는 것이다. 꿈을 '기획'하고, 그것에 도전하면서 때로는 실패를 기꺼 이 감수하는 '실행' 과정, 실행 후에는 스스로를 돌아보고 피드백하 며 '검토'하는 것까지. 이 재미없고 고생스러운 과정을 반복하는 일이 성공으로 가기 위해 반드시 거쳐야 하는 과정인 것이다. 꿈을 실현 해가는 과정은 만만치 않다. 하나를 이루면 더 높은 곳을 꿈꾸게 된 다. 그러면 평생 노력해도 다 이루지 못한다. 평생토록 인생이 무엇인 지 생각한 철학자들도 끝까지 인생이 무엇인지 밝히지 못하지 않았 는가. 그러니 다 이루려고 하기보다는 남과 다른 나만의 길과 그 방 향성을 잘 잡아서 꾸준히 해나가는 게 중요하다. 그러다 보면 가능 성이 보이고 미래가 열린다.

또한 누구나 언젠가는 한계에 부딪친다. 자기가 제일 똑똑한 줄 알았는데 더 잘하는 놈이 나타나고, 다 이룬 것 같아도 새로운 시련 에 봉착하기도 한다. 어떻게 시련을 이겨낼까? 결국은 '간절함'이다. 자신의 목표나 꿈을 향한 간절한 마음이 있어야 한다. 간절한 자는 시련을 이겨낼 것이고 간절하지 않은 자는 실패할 것이다. 나를 넘어서야 길이 보인다. 일의 성패는 거기서 갈린다.

　요즘은 급변의 시대가 아닌가. 지금 세계는 과학기술 전쟁과 4차 산업혁명에서 선두를 차지하기 위해 격전을 치르고 있다. 변화가 많다는 것은 그만큼 변수가 많고 기회가 많다는 의미이다. 지금까지 1등을 하고 있던 이가 의외로 추락하게 되고 2, 3등에 머물렀던 이에게도 기회가 올 여지가 많아진다는 뜻이다. 모쪼록 청년들이 기술 변화와 시대의 흐름을 잘 읽어서 미래를 향한 도전장을 많이 내밀어주기 바란다. 젊은 도전이 강한 나라를 만든다.

코맥스 변봉덕 회장의 비즈니스 인사이트

인생은
대나무처럼
자란다

———

1판 1쇄 발행 2020년 8월 5일

지은이 변봉덕

발행인 추기숙
기획실 최진 | 경영총괄 박현철 | 편집장 장기영 | 디자인 정영진
구성 박은몽 | 디자인실 이동훈 | 경영지원 김정매 | 제작 사재웅

발행처 ㈜다니기획 | 다니비앤비(DANI B&B)
출판신고등록 2000년 5월 4일 제2000-000105호
주소 (06115) 서울시 강남구 학동로26길 78
전화번호 02-545-0623 | 팩스 02-545-0604
홈페이지 www.dani.co.kr | 이메일 dani1993@naver.com

ISBN 979-11-6212-077-4 03320

다니비앤비(DANI B&B)는 ㈜다니기획의 경제경영 단행본 임프린트입니다.
블로그 blog.naver.com/daniversary 포스트 post.naver.com/daniversary
트위터 @daniversary 인스타그램 @daniversary 페이스북 @daniversary1

독자 여러분의 책에 관한 아이디어와 원고 투고를 기다리고 있습니다. 책 출간을 원하는 아이디어가 있으신 분은 이메일(dani1993@naver.com)로 간단한 개요와 취지, 연락처 등을 보내주시기 바랍니다. 기쁜 마음으로 여러분의 의견을 소중히 받아들이겠습니다.